Karl Otto Hondrich
Wieder Krieg

Suhrkamp

edition suhrkamp 2297
Erste Auflage 2002
© Suhrkamp Verlag Frankfurt am Main 2002
Originalausgabe
Alle Rechte vorbehalten, insbesondere das
der Übersetzung, des öffentlichen Vortrags
sowie der Übertragung durch Rundfunk und Fernsehen,
auch einzelner Teile.
Kein Teil des Werkes darf in irgendeiner Form
(durch Fotografie, Mikrofilm oder andere Verfahren)
ohne schriftliche Genehmigung des Verlages reproduziert
oder unter Verwendung elektronischer Systeme verarbeitet,
vervielfältigt oder verbreitet werden.
Satz: Jung Crossmedia, Lahnau
Druck: Nomos Verlagsgesellschaft, Baden-Baden
Umschlag gestaltet nach einem Konzept
von Willy Fleckhaus: Rolf Staudt
Printed in Germany

1 2 3 4 5 6 – 07 06 05 04 03 02

Inhalt

Inhalt

Die Zukunft des Krieges

Das Jahr 2002 werde im Zeichen des Krieges stehen, kündigt US-Präsident Bush an. Die Bundesregierung versichert ihn uneingeschränkter Solidarität und schickt Truppen nach Afghanistan und Kriegsschiffe ans Horn von Afrika. – Weiten sich unsere Augen vor Entsetzen? Versammeln wir uns protestierend auf den Straßen? Ein halbes Jahrhundert lang galt doch in Deutschland Krieg als das größte denkbare Unglück überhaupt. Die Katastrophen der beiden dicht aufeinander folgenden Weltkriege, das Debakel der USA in Vietnam, das Damoklesschwert des nuklearen Krieges, das vier Jahrzehnte lang über Europa hing, gaben der Kriegsangst und -ablehnung einen tiefen Ernst. Zwar ist die Verurteilung des Krieges geblieben. Aber unterderhand verwandeln sich die kollektiven, mehrheitlich geteilten moralischen Gefühle und Argumente. Auf eine merkwürdige Weise wenden sie sich dem Krieg wieder zu. Wie soll man es nennen, was sich da zwiespältig herausbildet? Eine Bereitschaft zum Kriege? Das wäre zuviel gesagt. Die Einwilligung erfolgt widerwillig. Die neue Einstellung zum Krieg enthält alle Ängste und Ablehnungen aus früheren Kriegen und ist deshalb nie mehr wie früher. Weit entfernt davon, den Krieg zu bejahen, gleicht sie einem Sichfügen in eine Entwicklung, die als notwendig-unaufhaltsam erlebt wird.

Eine Einstimmung ins Schicksalshafte hat es, wie wir

von Zeitzeugen wissen, auch vor früheren Kriegen gegeben. Wenn sich heute Gefühle der Unausweichlichkeit einstellen, dann allerdings ohne die existenzielle
Angst und Dramatik, über die etwa Manès *Sperber* (in
seiner Dankesrede zur Verleihung des Friedenspreises
des Deutschen Buchhandels im Jahr 1983) aus den Ta-
gen vor dem Ersten Weltkrieg berichtet. Wir nehmen
die Erklärung des Krieges, an dem wir teilhaben, eher
gelassen auf: daß dieser Krieg *weit weg* noch hinter der
Türkei geführt wird, daß er unser Alltagsleben *kaum
beeinträchtigt,* daß wir in ihn *zusammen mit* vielen Verbündeten ziehen, beteiligt aber nur mit einem *kleinen
Teil* unseres kollektiven Selbst, vertreten durch *Spezial-
trupps* mit höchstentwickelter Technik und Humanität,
daß wir durch die Gefährlichkeit und Tücke des Feindes und die Solidarität mit den Freunden *hineinge-
zwungen werden,* daß man uns innerhalb des Kriegs
doch eher die *friedlichen* Aufgaben überläßt, daß die
Menschen in Afghanistan die deutschen Soldaten besonders *freundlich* empfangen – das alles beruhigt das
Gewissen. Ein richtiger Krieg ist es, aus deutscher Sicht,
wohl doch nicht. Eher eine Polizeischutzaktion mit einem, wie es heißt, »robusten Mandat«.
    Trotzdem, die Frage bleibt: Wie konnte aus dem
»Nie wieder Krieg!«, das doch ein halbes Jahrhundert
lang intuitiv und argumentativ das moralische Leben in
Deutschland prägte, so plötzlich wieder Beteiligung am
Krieg herauswachsen? Der Weg dahin führte, in weniger als einem Jahrzehnt, über drei Stationen: vom Golfkrieg über die Kriege auf dem Balkan zum Anti-Terror-
Krieg in Afghanistan. Er wird in diesem Buch nachge-
zeichnet. Es handelt sich um Momentaufnahmen von

kollektiven Gefühlslagen und um soziologische Interpretationen. Sie wurden, aus sicherer Entfernung, jeweils in das laufende Geschehen hineingeschrieben und (von Kleinigkeiten abgesehen) nicht später aufgrund besseren Wissens geändert. Es ging mir nicht so sehr um äußere Ereignisse und Entscheidungen, sondern um die dadurch hervorgerufenen geteilten moralischen Gefühle. Sie sind, wie Emile Durkheim erkannte, die innerste Grundlage und -kraft allen gesellschaftlichen Lebens. Der Soziologe ist, als Beteiligter und Zuschauer, unweigerlich Mitträger kollektiver Gefühle und zugleich bemüht, zu ihnen auf Distanz zu gehen.

Die Wandlungen der von vielen geteilten moralischen Einstellungen zum Krieg – bedeuten sie ein Wiederaufleben jener »krankhaften Gesinnung zum Kriege«, die der Franzose Durkheim dem Nachbarn Deutschland vor 100 Jahren bescheinigte? Werden wir die Geister einer fernen Vergangenheit nicht los? Oder verlassen uns die Leiden, Ängste und Schuldgefühle einer jüngeren Vergangenheit nur allzu schnell? Wie dem auch immer sei, aus der Vergangenheit allein erklärt sich die Gegenwart nicht. Eher aus der Zukunft. Genauer: aus der Spannung zwischen Zukunft und Herkunft. So erklärt sich die widerwillig wachsende Akzeptanz der neuen Kriege aus einer Zukunft, in der Zusammenleben nicht mehr nur lokal und national, sondern global zu begreifen und zu ordnen ist. Diese Zukunft kommt auf uns zu. Der Krieg gegen den Terror enthält, wie schon die Kriege am Golf und auf dem Balkan, unausgesprochen die Vision der *einen, friedlichen Welt*. Nüchterner gesagt: Zu seinen Triebkräften gehört nicht zuletzt die Notwendigkeit einer Ordnung im großen Rahmen. Ob

sie als blanke Notwendigkeit oder als Einsicht in die
Notwendigkeit wirkt, ist eine offene Frage. Den mäch-
tigeren Gesellschaften wird jedenfalls, im Maße ihrer
vermuteten Macht, von den übrigen eine Verantwortung für den Zustand und den Lauf der Welt zugeschrieben, ob sie es wollen oder nicht.

Bei allen großen, historischen Erklärungen für die
gewandelte Einstellung zum Krieg gerät die einfachste
gern in Vergessenheit: Anders als den Zweiten Weltkrieg, in dem sie die Angreifer und Schuldigen waren,
sehen die Deutschen die neuen Kriege als Verteidi-
gungskriege aus der Perspektive der Angegriffenen. Mit
diesen identifizieren wir uns: Weniger mit den Menschen in Kuwait, stärker mit Slowenen, Kroaten, Bos-
niern, Kosovaren, ganz besonders stark aber nun mit
den Amerikanern. Die Terroranschläge auf New York
und Washington betrachten wir – fast – als Anschläge
auf uns selbst und auf die Zivilisation. Als Freunde und
Verbündete der USA und als zivilisierte Menschen fühlen wir uns zur Verteidigung aufgerufen. Der Krieg
aber beginnt, wie Carl von Clausewitz unübertroffen
präzise gesagt hat, mit der Verteidigung. Vorher ist er
nur ein einseitiger Gewaltakt. Die in der Verteidigung
enthaltenen moralischen Prinzipien der Reziprozität
und der Selbstbehauptung sind so elementar, daß sie
überall verstanden werden. Der neueste Krieg gegen
den Terrorismus gewinnt seine Rechtfertigung aus den
ältesten Prinzipien, die allem soziomoralischen Handeln innewohnen. Fast kommt er ohne die Begründungen aus, die uns aus den vorangegangenen Kriegen so
vertraut sind: Völkerrecht, Menschenrechte, Demokratie, Freiheit.

Fasziniert vom Neuen, nehmen wir wie selbstverständlich an, daß der jeweils neueste Krieg in allem neu und anders sei – aber er trägt die Elemente und Atavismen der früheren Kriege in sich. Er entfaltet und erprobt die modernste Technologie – aber er beginnt mit dem Messer an der Kehle der Piloten und endet, vorläufig, im Höhlenkampf. Er wird zum weltweiten Krieg erklärt – aber unter seinen globalen Gesten ist er faktisch sorgfältig lokalisiert und eingegrenzt. Beim Erstschlag verbreitet er Entsetzen durch das Ausmaß der Zerstörung und die Zahl der Opfer – aber in konventionellen Kriegen liegt diese viel höher; allein im unbefriedeten Kaschmir wird sie auf das Zwanzigfache geschätzt. Obwohl der neueste Krieg gegen den Terrorismus noch nicht zu Ende ist, wird er doch schon von alten Kriegen eingeholt und überholt; in Kaschmir und Palästina schwelen und flammen sie seit einem halben Jahrhundert auf. Ohnehin gewinnt nur ein kleiner Teil der andauernd in der Welt geführten oder neu ausbrechenden Kriege unsere Aufmerksamkeit.

Wird uns der Krieg also in alle Zukunft begleiten? Dies ist keine Frage des Schicksals, sondern unserer eigenen Kriegsziele. Wenn es das Ziel ist, den Terrorismus auszurotten, wie man aus den Vereinigten Staaten hört, dann wird der Krieg nicht, wie angekündigt, lange dauern, sondern ewig. Nicht nur weil jeder Gewaltschlag früher oder später die Gewalt erzeugt, die auf ihn antwortet. Sondern auch, weil die erfolgreiche Eindämmung von Gewalt gleichsam das Anspruchsniveau erhöht und später solche Abweichungen von der Norm als gewaltsam und unerträglich erscheinen läßt, die früher noch im Bereich des Normalen lagen. Der Wunsch,

das Verbrechen des Terrorismus völlig zu besiegen,
wird zum Wettlauf in die Unmöglichkeit. Die soziologische Einsicht, daß Gesellschaft nie aufhört, ihre
Grenzfälle und Grenzgänger, also auch ihre eigenen gewaltsamen Abweichungen vom Erträglichen zu erzeugen, erscheint auf den ersten Blick als resignativ. Sie ist
aber das Gegenteil. Sie befreit von der Wahnvorstel-
lung, unerwünschte Gewalt terroristischer Art mit
Stumpf und Stiel vernichten zu können. Sie führt damit
die im Kampf gegen den Terrorismus mobilisierte Gewalt auf ein vernünftiges Maß zurück und setzt dem
Krieg ein bescheideneres, erreichbares Ziel, statt ihn ins
Unbestimmte hinein, vielleicht auch nur als Vorwand
für andere Interessen, zu verlängern. Der »lange Krieg«
könnte sich ansonsten schneller erledigen, als wir heute
zu hoffen wagen. Mittel und Macht der terroristischen
Netzwerke sind begrenzt. Durch entschiedene Gegenwehr eingeschnürt, so darf man annehmen, werden sie
zu einem ähnlich spektakulär-symbolischen Attentat
wie am 11. September kaum mehr fähig sein.

Mag der lange Krieg auch kurz werden, so können
viele kurze Kriege doch lang dauern und die Welt lange
in Aufregung versetzen. Wie stehen die Chancen, sie in
Zukunft einzudämmen? Kriege sind Versuche, Konflikte durch Machtproben mittels kollektiv organisierter Gewalt zu lösen. Sie würden sich erübrigen, gäbe es
weniger oder weniger intensive Konflikte, weniger kollektive Gewalt oder weniger Machtproben, statt dessen
alternative Konfliktlösungen durch Verhandlungen,
Geld oder moralische Entwicklung. Kommen wir diesen Bedingungen des Friedens näher – in einer Welt, in
der sich immer mehr Menschen näherkommen?

Die Reibungsflächen für Konflikte wachsen. Lokale Konflikte gab es schon immer: über Wasser, Weideland, Bodenschätze, religiöse Orientierungen, Zugehörigkeiten ... Hinzu treten die Konflikte, die aus der globalen Dynamik des Kapitalismus herrühren. Sie erzeugen eine Spannung zwischen vorpreschenden und zurückbleibenden, schnellen und langsamen Gesellschaften. Vieles, was wir heute Kulturkonflikt nennen, entsteht in dieser Spannung. Dazu gesellt sich, drittens, ein Dauerkonflikt zwischen Weltordnungsinteressen, die von Nutznießern der globalen Dynamik vertreten werden, und den nationalen Eigeninteressen derselben Nutznießer. Die USA als Weltordnungsmacht, die in lokalen Konflikten, etwa von den Palästinensern, als Schlichter oder Vermittler angerufen werden, könnten diese Rolle ohne die in eigener Interessenpolitik gewonnene Macht gar nicht ausfüllen und stehen deshalb immer unter dem Verdacht, vorwiegend Eigeninteressen zu verfolgen. Könnte es anders sein? Da sie nicht überall präsent sein können, wo es in der Welt Streit zu schlichten und Ordnung zu stiften gibt, greifen sie vorwiegend dort ein, wo sie selbst etwas zu gewinnen oder zu verlieren haben. Öl- und Handelsinteressen zeichnen die Wege vor, auf denen der Weltsheriff und seine Helfer Patrouille reiten. Weite Teile Afrikas und Asiens bleiben ihren Konflikten und Gewalttätigkeiten allein überlassen.

Oft schieben sich die unterschiedlichen Arten von Konflikten ineinander. Die globale Dynamik verstärkt den Konflikt zwischen Israel und Palästinensern, obwohl diese dem Westen eher zuneigen als andere arabische Gesellschaften. Aber die Vermehrung von Konflikten führt nicht notwendig zu ihrer Verschärfung. Dies ist nur dann der Fall, wenn zwei oder mehr Konflikte in dieselbe Kerbe schlagen, wenn zum Beispiel der amerikanische Kampf gegen den Terrorismus immer auch ein Kampf zwischen Christen und Muslimen wäre. Sobald er aber, wie in Afghanistan, durchschnitten wird vom Konflikt zwischen tadjikischen und paschtunischen Muslimen und von weiteren Konflikten zwischen paschtunischen Clans, führt gerade diese Vervielfältigung von sich kreuzenden Konflikten zu Koalitionen zwischen Christen und Muslimen gegen andere Muslime und damit zur Konfliktabschwächung.

Auch Konflikte, die sich verschärfen, münden nicht notwendig in Gewalt und Krieg. Gewalt wird ganz ausbleiben, wenn beide Seiten aufgrund rationaler Erwägung zu dem Ergebnis gelangen, daß sie im gewalttätigen Machtkampf jeweils mehr zu verlieren als zu gewinnen haben. Einseitige Gewaltanwendung wird nicht zum Krieg als *gegenseitiger* Gewaltanwendung führen, wenn der Angegriffene sich unterwirft oder ausweicht, statt sich zu verteidigen. Besonders in christlichen Gesellschaften werden, in bestimmten sozialen Milieus, ethische Widerstände gegen Gewaltanwendung und individueller Hedonismus so stark verinnerlicht und nach außen betont, daß die Gesellschaften zur Kriegführung kaum noch fähig erscheinen.

Saddam Hussein spekulierte darauf, als er in Kuwait einmarschierte. Er täuschte sich. Auch im Westen, besonders in den USA, stehen bedrohte Eigeninteressen und Rechtsgrundsätze höher im Kurs als eine christliche Moral der Gewaltlosigkeit. Gewalt, die in den Krieg führt, ist aber nicht nur ein Mittel der Politik, das nach vorsichtig-vernünftiger Erwägung eingesetzt wird, wenn alle anderen Mittel erschöpft sind. Es gibt auch Gewalt als Selbstwert und, reflektiert oder spontan, einen Willen zur Gewalt. Kämpferisch organisierte und ritualisierte Gewalt wird oft als identitätsstiftende Kraft eigener Art erlebt, die gerade durch die Opfer, die sie auf allen Seiten fordert, alle anderen Mittel der Konfliktlösung aussticht. Ihr Wert strahlt auf die Sache aus, für die sie eingesetzt wird, und verleiht ihr eine Aura des Unheimlich-Heiligen.

Die Gewalt, der an vielen Stellen gegengesteuert wird, erneuert sich gleichwohl in sozialen Grundprozessen, die nicht steuerbar sind. Zwar ist der Ausbruch von Gewalt in zivilen Gesellschaften außeralltäglich geworden, aber der Keim für Gewalt wird gerade im Alltag immer neu gelegt. Gewalt anwenden heißt, vor körperlicher Verletzung des anderen nicht zurückschrecken. Verletzbar sind und bleiben die Menschen, wie der 11. September gezeigt hat, in allen zivilisatorischen Schutzhüllen, besonders aber in ihren allerengsten Beziehungen. Deshalb liegt nichts so nahe zusammen wie Liebe und Gewalt. In der Liebe, sei sie machthaltig (zwischen Eltern und Kind) oder machtfrei (zwischen Partnern), sind wir im Innern und im Äußern verletzlich.

Im Zusammenleben der Volksgruppen ist es nicht anders. Gerade wo sie nahe beieinander wohnen und durch Interessen und Gefühle eng verflochten sind, wie in Bosnien, Palästina, Kaschmir, im Libanon, birgt jeder Versuch, gewachsene Zusammenhänge zu trennen, Verletzungen. Nicht minder verletzend ist es umgekehrt, die ebenfalls gewachsenen – für den Außen-

stehenden oft nicht wahrnehmbaren, eine subtile Ba-
lance sichernden – Trennlinien einzureißen und kulturelle oder politische Einheit zu proklamieren. Solange
nicht alle Beteiligten übereinstimmen – also praktisch
immer –, werden die Veränderungen, ob ihnen der Ruf
nach »Selbstbestimmung« oder der Ruf nach »Vereinigung« vorauseilt, von einem Teil der Betroffenen als
Verletzungen von Rechten, Identitäten, Ordnungen
empfunden. Die eine Seite wird schon den ersten Schritt
als Vergewaltigung anprangern, die andere erkennt Gewalt erst in der Erwiderung. Die »Spirale der Gewalt«
mit Schlag und Gegenschlag folgt den soziomoralischen Grundprozessen der Reziprozität, die in den
ältesten wie in modernsten Gesellschaften gelten. Der
Einstieg in diese Prozesse aber wird auch von modernen Wertformeln wie Selbstbestimmung, Freiheit und
Demokratie angeleitet. In jedem Falle keimt Gewalt
nicht aus Gewalthandlungen selbst, sondern aus Konflikt und Dissens. Sie entsteht aus Differenzen und dem
Drang, diese aufzuheben.

In einer Welt, die immer mehr Menschen und Differenzen fassen muß, nehmen Konflikte und Nichtüber-
einstimmungen zu. Daß dabei auch mehr latente Gewalt
entsteht, braucht nicht zu erstaunen. Verwunderlich ist
vielmehr, daß nur ein kleiner Teil der gleichbleibend
hohen Zahl von Territorial- und Grenzstreitigkeiten
zur manifesten Gewalt führt. Dieser Tatbestand kann
als »einer der stabilsten und am wenigsten gewürdigten
positiven Trends in der globalen Konfliktentwicklung«
gelten, wie die Konfliktforscher Christoph Rohloff
und Hardi Schindler schreiben (»Mit weniger Gewalt in
die Zukunft – Debatten und Befunde der empirischen

Konfliktforschung«, in: *Die Friedens-Warte. Journal of International Peace and Organization*, Bd. 75, H. 3-4, 2000).

Kriege können aus Konflikten erst hervorgehen, wenn Gewalt gebündelt, kollektiv organisiert und nach außen gewandt wird. Was läge also näher als der kollektiven Organisation von Gewalt das Wasser abzugraben, indem man nationalstaatliche Gewaltmonopole schleift? Ließe sich diese in Europa nicht unpopuläre Vision realisieren, würden sich die Probleme der globalen Welt verschärfen. Sie liegen weniger in der Stärke als in der Schwäche der Gewaltmonopole. In seinem Buch *Reisen an die Grenzen der Menschheit* hat der amerikanische Journalist Robert Kaplan beschrieben, wie die ärmsten Länder, besonders in Afrika und Asien, unter der marodierenden Gewalt von Gangs und Banden, Drogenhändlern und religiösen Eiferern leiden. Ohne Monopolisierung und Legitimierung von Gewalt kann es weder Sicherheit noch Entwicklung geben.

Das gilt nicht nur für »die Geschichte«, sondern auch für die Gegenwart, die den Blick aufs Globale fixiert hat. Aber die globale Gesellschaft hat keine zentrale Instanz, die ihre über sechs Milliarden Menschen aus dem Elend elementarer Gewaltsamkeit erlösen könnte. Gäbe es eine solche Instanz, dann würde ihr Arm gerade dahin am wenigsten reichen, wo er am meisten gebraucht wird, zu den Ärmsten und Schwächsten. Deren Schutz vor Gewalt ist die erste Raison d'être des Staates. Schon allein deshalb braucht eine globale Ordnung ein stabiles Binnengefüge aus Staaten. Der Staat allerdings, der Sicherheit schafft, indem er die kleinen und diffusen Gewalten aus der Gesellschaft herauszieht und bei sich

selbst konzentriert, wird damit selbst zu einer größeren
Gewalt und Bedrohung.

Aus diesem Dilemma hilft nur die Kontrolle der
Staatsgewalt durch diejenigen, die ihr unterliegen. Die
Kontrollmechanismen, die wir Demokratie nennen,
setzen nicht nur Zustimmung, sondern auch Übereinstimmung der Bürger voraus. Sie kann aus gemeinsamer
ethnischer, religiöser etc. Herkunft oder, wie in den
Einwanderungsländern, aus der gemeinsamen freien
Entscheidung herrühren, einem Staatsvolk anzuge-
hören. Ob Herkunfts- oder Wahlnation: Entscheidend
für die Stabilität des Staates ist ein Konsens. Wo er fehlt,
weil man sich unterschiedlichen Völkern oder Kulturen
stärker zugehörig fühlt als einer einheitlichen politischen Kultur, empfindet sich ein Teil der Menschen
nicht als Bürger in einer Demokratie, sondern als Un-
terworfene einer fremden Herrschaft. Fremdherrschaft
läßt die Menschen nicht ruhen, heute noch weniger als
früher. Sie führt ins Wechselspiel von Gewalt und Gegengewalt. Strittig ist dabei meist nicht, wie noch so-
eben in Afghanistan, die Monopolisierung von Gewalt
schlechthin, sondern die Neuabgrenzung von Gewalt-
monopolen. So erklären sich die zum Teil noch schwe-
lenden Kriege auf dem Balkan, in Kaschmir, in Palästina. Dort handelt es sich darum, politische Grenzen
so zu verändern, daß sie mit kulturellen Grenzen weitgehend übereinstimmen. Erst wenn dies, in den Augen
der Betroffenen, gelungen ist, kann man von stabilen
Nationalstaaten sprechen, die auf der Zustimmung ihrer Bürger und Nachbarstaaten beruhen. Auch Nationalstaaten vertragen im Innern große kulturelle Vielfalt.
Dies gilt sowohl dort, wo Minderheitenkulturen tra-

ditionell ein eigenes Siedlungsgebiet haben und Auto-
nomierechte genießen. Es gilt erst recht dort, wo
Migranten aus freien Stücken für den Staat optieren, in
den sie einwandern. Entscheidend ist immer die Zustimmung der Bürger zum Staat. Erst dann ist Demokratie möglich: Als organisierter politischer Dissens,
der auf einer Übereinstimmung beruht und diese nicht
sprengt. So gehören Nation und Demokratie zusammen.

Eine globale Weltordnung braucht also, als stabile
Binnenstruktur, nicht nur Staaten, sondern von mehr-
heitlicher Zustimmung getragene Staaten. Daß Kriege
zu Nationalstaaten geführt und daß Nationalstaaten
Kriege geführt haben, macht sie suspekt. Wo aber stabile Nationalstaaten fehlen, da ist der Krieg erst recht
zur Stelle, selbst wenn es um ganz andere Dinge zu gehen scheint: Der »Krieg gegen den Terrorismus«, der ja
als Musterbeispiel eines globalen, postnationalen Krieges gehandelt wird, hat, scheinbar beiläufig, als erstes
ein Ziel erreicht, das er gar nicht hatte: Er hat Afghanistan auf den Weg zu einem nationalen Staat gebracht.

Der Vorgang ist ein Schulbeispiel dafür, wie sehr die
Weltgesellschaft sich das verschafft, was sie braucht:
nationalstaatliche Gewaltmonopole – in diesem Falle
als Ortspolizeibehörden, um Weltverbrecher zu jagen.
»Liefert Bin Laden aus«, lautete die Forderung an die
Taliban. Die stellten sich machtlos: »Wir wissen nicht,
wo er ist.« Das wurde ihnen zum Verhängnis. Die
Staatsgewalt verleugnet sich nicht ungestraft. Einen
staatsfreien Raum kann die Welt heute nicht mehr ertragen. Tod und Teufel setzt der Weltsheriff USA in Bewegung, um dem abzuhelfen. Er greift zurück auf Stam-

mesrivalitäten, denen gegenüber die Taliban in ihrem
religiösen Despotismus eine schon fast moderne, quasi-
nationale Einigungsbewegung darstellten. Derselbe
Tribalismus, der es leicht macht, die Taliban zu zerschlagen, erschwert den Aufbau einer modernen Nation. Aber der Druck dazu ist übermächtig: Diploma-
tisch, militärisch und ökonomisch sitzen die Vereinten
Nationen, die USA und ihre Verbündeten den sich
befehdenden Stämmen im Nacken und lassen nicht
locker, bis sie sich auf eine Regierung und Institutionen
der nationalen Einheit geeinigt haben. Die Kriegs-
müdigkeit im Innern tut ein übriges. Dennoch, ohne
Kriegsgewalt geht es nicht. So kommen die Soldaten,
einschließlich der deutschen, kämpfend, drohend, beruhigend und ordnend von außen. Ein seltsames Gemisch aus partikularen Stammesloyalitäten und globalen Ordnungsinteressen braut der Krieg da zusammen:
die »Ursuppe« einer Nation, die allerdings nicht ganz
neu angerührt wird, sondern auch Erinnerungen an frühere Phasen der Einheit und des Stolzes, besonders im
Kampf gegen äußere Eindringlinge, enthält.

Aus der Zukunftsperspektive einer stabilen Weltordnung erweisen sich auch die neuesten Kriege, in einer
Linie mit den Balkankriegen, als Vehikel einer noch un-
abgeschlossenen Nationsbildung. Mal sind es Tren-
nungs-, mal Vereinigungskriege. Mit ihrer Hilfe suchen
sich Gesellschaften die Grenzen, in denen sie Demokratie und Selbstbestimmung als etwas Eigenes erleben
und zur Ruhe kommen können. Das Ergebnis mag man
gutheißen – oder auch nicht. Um wieviel mehr würden
wir es aber annehmen, wenn es nicht durch Krieg und
Vertreibung, sondern auf anderen Wegen, über Ver-

handlungen, Tausch- und Kompensationsgeschäfte und moralische Übereinstimmungen erzielt würde!

Verhandeln statt schießen. Diese verblüffend einfache Formel – warum greift sie nicht? Die drei Antworten darauf sind ebenfalls einfach. Zum einen: Die Forderung, zu verhandeln, greift doch. In unzähligen Fällen wird ihr entsprochen. Es wird verhandelt, und es wird mit Erfolg verhandelt. Allerdings, diese Erfolge sind wenig sichtbar und werden schnell vergessen. Gute Nachrichten sind keine Nachrichten. Von der friedlichen Trennung zwischen Tschechien und der Slowakei spricht man kaum noch. Wir halten es für normal, daß Frieden herrscht und daß die Menschen sich in rationaler Kommunikation darum bemühen. Dies alles ist aber nicht selbstverständlich, insbesondere nicht angesichts der ansteigenden Konflikt- und Gewalthaltigkeit in einer Welt, die immer mehr Menschen aufnehmen und immer mehr Interessen- und Wertdifferenzen zum Ausgleich bringen muß.

Verhandlungen und Krieg, so die zweite Antwort, wirken zusammen. Einer der führenden empirischen Forscher, Ted Robert Gurr, stellt fest, daß etwa die Hälfte der 54 ethnonationalen Kriege, die er seit den sechziger Jahren erfaßt hat, auf dem Verhandlungswege eine für beide Seiten akzeptable Lösung fanden; meistens dadurch, daß den ethnischen Minderheiten eine geregelte Teilhabe an der Macht oder regionale Autonomie zugestanden wurde. Politische und kulturelle Autonomie für Volksgruppen innerhalb eines schon bestehenden Staates ist also eine Alternative zur nationalen Sezession; so wird ethnonationalen Differenzen Rechnung getragen, ohne staatliche Grenzen verändern zu müssen. Wie stabil das Ergebnis jeweils ist, ist allerdings schwer abzuschätzen. Eine Reihe von ethnonationalen Kriegen geht weiter, ohne daß ein Ende abzusehen wäre.

In einigen Fällen sind die Konflikte derart tief wurzelnd und vertrackt, so die dritte Antwort, daß gerade das rationale Bedenken und Besprechen aller Möglichkeiten den Beteiligten deutlich macht, daß jede für die andere Seite akzeptable Konfliktlösung mit eigenen existentiellen Interessen und Identitäten unvereinbar wäre. Und das nicht, weil man an der Vergangenheit hängt, sondern weil man in die Zukunft denkt! Von dieser Art scheint der Palästina-Konflikt zu sein. Nicht nur, weil keine Seite ihre historischen Ansprüche und heiligen Stätten preisgeben kann, sondern weil die ungleiche Bevölkerungsdynamik von Palästinensern und Israelis jedes heute gefundene Gleichgewicht morgen wieder aus den Angeln hebt. So ungeheuerlich der Gedanke ist: Der Krieg selbst, begrenzt, aber dauerhaft, unterbrochen nur von Erschöpfungsphasen, die als halbwegs friedlich empfunden werden, durchsetzt von Verhandlungen, die ebenfalls immer wieder unterbrochen werden, gewährleistet ein Zusammenleben, das im »reinen Frieden« nicht erreichbar scheint. Wo Positionen ganz und gar unvereinbar sind und auch der Krieg die Streitenden nur ungenügend trennen kann, verhelfen weder Gewalt noch Verhandlungen je für sich allein, sondern nur beide zusammen, sei es in einem unguten Gemisch, zu einem Modus vivendi.

Wenn, in einigen kollektiven Konflikten, Verhandlungen die Gewalt nicht bannen können, vermag es dann vielleicht die Macht des Geldes? Zumindest könnte es helfen, diejenigen zu trennen, die nicht zusammenleben wollen. Großzügig finanzierte Umsiedlungen als vorbeugende Alternative zu den leidvollen Vertreibungen, die der Krieg bewirkt – zwei amerikanische Politikprofessoren haben dies im Kosovo-Konflikt vorgeschlagen. Auch wenn es viel Geld kosten würde, so doch nur einen Bruchteil dessen, was der Krieg kostet. Warum erscheint uns der Gedanke, »Geld statt Gewalt« zur Konfliktlösung einzusetzen, trotzdem so abwegig, ja empörend? Nicht nur, weil wir annehmen, daß Serben und Kosovo-Albaner über ihr Heimatrecht keine Kaufverhandlungen führen würden – man hat es ja gar nicht erst versucht. Sondern weil es unsere eigenen moralischen Vorstellungen verletzt, und zwar in doppelter Weise: Zum einen erscheinen uns alle Rechte und Werte, die sich für Geld kaufen lassen, schon allein dadurch abgewertet; ein Beleg dafür, daß nicht Geld, sondern kollektive moralische Gefühle im Grunde unseres Herzens die Welt regieren. Die Macht der Moral im Vergleich zu der des Geldes ist in den kapitalistischen Gesellschaften sogar noch höher als in den Stammesgesellschaften: In Afghanistan etwa kann man, wie sich im letzten Krieg zeigte, die kollektive Loyalität eines Stammes kaufen; in den modernen westlichen Gesellschaften würden wir uns moralisch dagegen verwahren, kollektive Loyalität für Geld herzugeben.

Zum anderen verletzt der Vorschlag der Umsiedlung ein *besonderes* moralisches Gefühl: daß alle Menschen ungeachtet ihrer ethnischen, religiösen, sprachlichen Status-Unterschiede gleichberechtigt und tolerant zusammenleben sollen. Dies ist der Kern einer Moral der

Menschenrechte, die ihre Wurzeln im Westen hat. Die Menschen entlang kultureller Grenzen zu trennen, ist dieser unserer Moral zuwider – so sehr, daß sich eine Politik der friedlichen Umsiedlung verbietet. Wiederum zeigt sich die Macht der Moral – nicht nur über das Geld, sondern auch über die Politik. Die Politik, die eine Autonomieregelung nicht zustande bringt und der es moralisch verboten ist, verfeindete Volksgruppen mit Geld und guten Worten zu trennen, überläßt dies dem Krieg. Tragischerweise verstärkt er das Trennende und reißt Brücken ein, über die sich Kulturen normalerweise verständigen. Wo moralische Zugeständnisse und Politik die Voraussetzung für stabile nationalstaatliche Demokratie nicht schaffen, erledigt der Krieg, dessen Ruf ohnehin ruiniert ist, die Dinge auf seine Weise, gewalttätig und schmutzig.

Diese Einsicht ist schwer zu akzeptieren. Sie ist unserem Vorverständnis vom Verhältnis zwischen Moral und Krieg völlig entgegengesetzt. Denn von der Moral erwarten wir, daß sie sich der Gewalt entgegenwirft und ihr vorbeugt. Die christliche Moral selbst sieht sich ja als Alternative zum Krieg: Wäre sie verwirklicht, so meinen wir, würden sich Kriege erübrigen. Tatsächlich ist es umgekehrt: Eine Moral, die keine Grenzen zwischen den Kulturen, also keine Autonomielösungen und nationale Eigenständigkeit anerkennen will, verhindert nicht den Krieg, sondern führt ihn herbei. Der Kosovo-Krieg liefert dafür das Lehrbeispiel.

Daß Moral zum Kriege hinführt, statt ihn zu verhindern, ist noch in einem weiteren Sinne wahr. Nach unserem Selbstverständnis sind es ja nicht eigene Interessen und Machtstreben, sondern hochmoralische

Gründe, die uns in die neuen Kriege hineinführen. Nichts liegt uns ferner als die Eroberungszüge früherer Zeiten. Und doch: An die Stelle der territorialen ist die moralische Expansion getreten. Für Freiheit, Gleichheit und Toleranz, für Menschenrechte und Menschenwürde ziehen wir in den Krieg. Daß Menschen unterschiedlicher Kulturen sich vertragen und nicht vertreiben, dafür kämpfen wir.

Diese Begründungen zum Kriege gibt es so lange noch nicht. Sie lassen sich trotzdem nicht zurücknehmen. Wenn man es wollte, es ginge nicht. Keine Kultur kann ihre gewachsenen Werte in einem Willensakt loswerden. Im Gegenteil: Die Werte, die im Westen gewachsen sind, tragen auch die Dynamik des Westens in sich. Sie sind steigerungsfähig. Als Ansprüche an den moralischen Zustand der Welt dehnen sie sich aus. In dem Maße, in dem wir als Weltbürger Verantwortung übernehmen, werden die guten moralischen Gründe, in den Krieg zu ziehen, nicht weniger, sondern mehr. Nicht Atavismen und niedere Instinkte sichern dem Krieg eine lange Zukunft, sondern die Eigendynamik einer Moral mit universalistischem Anspruch.

Es ist dies nicht die ganze Moral. Es ist, entgegen ihrem Anspruch, auch keine überall geltende, wahrhaft universale Moral. Es ist vielmehr eine okzidentale Moral aus dem Geist des Christentums und der Aufklärung. Mit ihrer Aufforderung, auch die andere Wange hinzuhalten, ist sie ein Gegenprogramm zur universalen Moral des »Wie du mir, so ich dir«, die von allen Menschen in allen Kulturen geteilt und verstanden wird. Diese elementare, allgemeine, deshalb auch gemeine Moral ist keine Eigenschaft des einzelnen Menschen, sondern der Beziehungen zwischen Menschen. Sie ist ein sozialer Tatbestand. Ihre Prinzipien haben den Charakter von moralischen Gefühlen, die geteilt werden, ohne einer besonderen Begründung zu bedürfen.

Es ist gerade sein jüngster und modernster Krieg gegen den Terrorismus, der den Westen lehrt, daß auch er weniger einer selbstdeklarierten als den nichterklärten, intuitiven Prinzipien einer universalen Moral gehorcht. Ob eingestanden oder nicht: Das *Reziprozitätsprinzip* – Vergeltung, nicht christliche Vergebung – diktiert den Gegenschlag nach dem Anschlag auf Amerika. Zugleich zieht das *Präferenzprinzip* die Grenze zwischen Gut und Böse neu und schärft, allen aufrichtigen Beteuerungen von der Äquivalenz oder Indifferenz der Kulturen zum Trotz, die tiefinnere Überzeugung vom Vorzug der eigenen Kultur. Hand in Hand damit bewirkt das *Prinzip der kollektiven Identifikation*, daß Europa, trotz aller Anstrengung, Freund-Feind-Bilder zu überwinden, in eine gemeinsame Front mit den USA und gegen feindliche Terroristen gezwungen wird. Alle Einsichten, die Zweifel an der Hochwertigkeit, Geschlossenheit und Überlegenheit der eigenen Seite säen könnten, fallen, im Krieg mehr als im Frieden, dem *Tabuprinzip* anheim. Und sosehr, besonders im Krieg, alles darauf angelegt ist, rationale Ziele zu verwirklichen und das Gesetz des Handelns an sich zu reißen, sosehr steht das Ergebnis unter dem *Prinzip der spontanen, unintendierten Effekte*; es führt alles vorausplanende Macht- und Verantwortungshandeln an die Grenzen von Macht und Verantwortung. Der Sinn des Krieges, der sich im nachhinein aus dem Prinzip der spontanen Effekte ergibt, ist immer etwas ganz anderes als die Ziele derjenigen, die den Krieg führen. Die Einsicht in dieses Prinzip – man könnte auch sagen: in die Unbeherrschbarkeit des Krieges und seiner Folgen – ist vielleicht die wirksamste Versicherung gegen alle Versuchungen, sich von rationalen Kriegszielen und hypermoralischen Begründungen in das Abenteuer des Krieges hineinziehen zu lassen.

Die Prinzipien elementarer Moral, die im Frieden wie im Krieg gelten, können zwar Kriege verhindern, begrenzen und beenden – etwa indem sie eigenen wohlverstandenen Interessen den Vorrang geben vor der Verwirklichung des Guten in ferneren Teilen der Welt. Aber genauso können sie, man denke an das Prinzip der Vergeltung, den Krieg verlängern. Umgekehrt können auch die Prinzipien der christlichen Moral, wie die Vergebung, Kriege beenden oder sie gar nicht erst entstehen lassen. Längst gibt es eine Kooperation von universaler und okzidentaler Moral, ohne daß wir ihre Wirkungsweise ganz einsehen und ihre Folgen kennen. Auch wenn die Wege zum Frieden dadurch vielfältiger werden, bedeutet das nicht das Ende »des« Krieges. Konflikte und latente Gewalt sind ja Grundbestandteile des sozialen Lebens und zeugen sich auch in friedlichen Prozessen fort.

Es sind besonders zwei Arten von Ungleichheiten und Konflikten, die für das Entstehen von Kriegen verantwortlich gemacht werden: die Kluft zwischen Arm und Reich und die zwischen Mächtigen und Ohnmächtigen. Diese beiden Klüfte zu schließen ist eine Aufgabe, die ihren moralischen Wert in sich selbst hat. Die Hoffnung allerdings, damit den Krieg an seinen Wurzeln zu packen, ist trügerisch: Es sind nie die ganz Armen und Elenden, die sich erheben, sondern, wie schon Tocqueville sah, immer diejenigen, die sich im Aufwind sehen und mit der Besserung ihrer Verhältnisse auch steigende Ansprüche und Tatendrang verspüren. So wünschenswert eine Angleichung der Lebensverhältnisse ist – sie beseitigt nicht die Risiken von Unruhen und Gewalt, sondern kann sie sogar steigern.

Was die relative Gleichheit der Macht zwischen streitenden Parteien angeht, so wissen wir aus der Geschichte, wie sie sich auf die Kriegsbereitschaft auswirkt. In jedem Frühjahr, nach der Schneeschmelze, zogen die Ritter gegeneinander ins Feld. Von nordamerikanischen Indianerstämmen wird ähnliches berichtet. Das kriegerische, wenn auch ritualisierte und eingehegte, Kräftemessen vollzieht sich unter Machtgleichen viel eher als zwischen David und Goliath. Wer den Kriegen ihre Funktion als Machtproben nehmen und die Chancen des Friedens erhöhen will, muß also nicht auf Machtangleichung, sondern auf Vormacht hinarbeiten. Auf diesem Wege ist die Weltgesellschaft heute. Um einen militärisch-ökonomischen Machtkern, die Vereinigten Staaten, staffeln sich die Verbündeten. Indem sie sich der dominierenden Macht offiziell verbünden, tatsächlich aber unterordnen, verzichten sie auf eigene, nationale Macht, gewinnen aber dadurch Anteile an Gemeinschaftsmacht. Das Machtkartell, angeführt von den Vereinigten Staaten, zieht ambivalente Gefühle auf sich: Einerseits hat es große Anziehungskraft; andererseits erregt es Widerwillen und reizt zum Widerstand.

In diesem Zwiespalt setzt sich die Ausdehnung und Staffelung der Macht fort. Wie wird man Teilhaber?

Eine formelle Mitgliedschaft in der Nato wird nicht ohne weiteres gewährt. Ohnehin weist der lebendige Prozeß der Machtnahme und -staffelung ja über die Nato hinaus und manifestiert sich nicht nur in organisierten Formen. Auch das Bekenntnis zur Moral der Menschenrechte, in der die materielle Macht des Kartells ihren ideellen Abglanz findet, reicht nicht aus. Man muß zeigen, daß man für die gemeinsame Sache mitzukämpfen bereit ist. Wie bei jeder Straßengang wird Zugehörigkeit über risikoreiche Mutproben und kämpferische Gemeinschaftserlebnisse erworben – eher spontan als deklarativ. Dazu bedarf es der Anlässe. Die Kriege am Golf, am Horn von Afrika und auf dem Balkan haben, unangesehen ihrer erklärten Ziele, letztlich diesen Sinn: festzustellen, wer wo steht, wer mit wem zusammen kämpft, wer zu wem gehört. Sie sind Probeläufe, in denen sich zeigt, wie weit die westlich dominierte kollektive Identität jeweils reicht. Ihre Grenzen befinden sich im Fluß.

Angesichts der Übermacht und Ausdehnung des Machtkartells fällt es Außenstehenden immer schwerer, ihren Widerwillen in Widerstand umzusetzen. Sie bleiben, wie Saddam Hussein und Milošević, relativ isoliert und geraten in die Rolle von Außenseitern des Weltsystems. Oder sie sind, wie die Terroristen in New York und Washington, auf spektakuläre Einzelaktionen angewiesen. Zwar lösen sie, unterschwellig und mancherorts auch sichtbar, kollektive Identifikationen gegen die USA aus. Der Zulauf zur bedrohten und ihrerseits nun selbst gewaltig drohenden Weltordnungsmacht ist aber ungleich größer; alte Freunde und mögliche neue scharen sich um sie. Aus dem Angriff, wie schon aus frühe-

ren Kriegen, geht das dominante Machtkartell trotz er-
schreckender Demütigung gestärkt und erweitert
hervor. Daß es sich weiter ausdehnen könnte bis zum
Weltgewaltmonopol, dabei Kriege führend, um Kriege
zu verhindern – der Gedanke ist ebenso beunruhigend
wie beruhigend.

Er greift der Wirklichkeit – man möchte sagen: unzulässig – vor. Die Macht des Kartells mag aus der Sicht jedes einzelnen Staates groß sein. Gemessen an der Welt-
ordnungsaufgabe aber ist sie klein, prekär und alles
andere als feststehend. Sie muß sich ständig neu erweisen. Angerufen wird sie von denjenigen, die den Kno-
ten ihrer lokalen Konflikte nicht selbst durchschlagen
können, aber auch von der UNO, die über einen eigenen militärischen Machtapparat nicht verfügt. Je mehr
an die Macht des Kartells appelliert wird, desto eher
zeigen sich ihre Grenzen: Die Vielzahl von örtlichen
Konflikten zu schlichten fehlen ihm die Kenntnisse und
die Mittel; es muß auf Nationalstaaten und auf regionale Kooperationen zurückgreifen. Die Spannungen
zwischen seinen dynamischen und seinen weniger dynamischen Teilen, die das kapitalistische Weltsystem
hervortreibt, verschärft das Machtkartell eher, als daß es
sie militärisch lösen könnte. Sie verlangen nach ökonomischen Ausgleichsmechanismen und nach einer Art
Weltsozialpolitik. Die Rolle des Geldes in der Kriegs-
prävention muß neu überdacht werden. Insbesondere
aber ist zu prüfen, wieweit unbefragte Grundsätze der
okzidentalen Moral dem Krieg eher Vorschub leisten
als ihn verhindern. Je weiter der Arm des Westens als
Weltordnungsmacht reicht, desto mehr muß man erkennen, daß die eigenen moralischen Leitlinien nicht

überall geteilt werden. So unmöglich und verfehlt es wäre, diese aufgeben zu wollen, so muß doch die Einsicht oder wenigstens das Gespür für solche moralischen Grundregeln hinzukommen, die nicht nur im Westen, sondern überall gelten. Das Zusammenwirken oder gar der Ausgleich von okzidentaler und universaler Moral sind kein Allheilmittel gegen den Krieg. Aber sie können, solange Krieg und Kriegsdrohung als Ordnungsfaktoren in der Welt bleiben, die Chancen und Leiden des Krieges verringern. Ganz ohne das Prinzip Hoffnung läßt sich diese Aussage allerdings nicht begründen.

Lehrmeister Krieg

Daß Saddam Hussein, daß die Menschen im Irak den Krieg in Kauf nehmen, den sie militärisch nicht gewinnen können, daß sie Verwüstungen, Verstümmelungen, den Tod auf sich ziehen, um eine Niederlage zu erleiden, erscheint uns zutiefst irrational – »Wahnsinn«. Unsere erste, rationale Reaktion ist denn auch: Die Menschen können dies nicht wollen; es ist der Diktator, der sie zwingt, sie in seinen Bann schlägt.

So ist es – auch. Unter den nichtwestlichen Gesellschaften gehört die irakische zu den moderneren, und neben den militärischen hat sie die organisatorischen und manipulatorischen Züge der Diktaturen des 20. Jahrhunderts entfaltet. Wir erkennen in ihr den Widerschein von Brutalo-Aspekten europäischer Modernität, die wir gerade erst hinter uns gelassen haben.

Entgleiste Modernität – so lautet eine Erklärung für Gewalt- und Kriegsbereitschaft, die gerade in Deutschland naheliegt. Haben wir damit genug verstanden? Weht uns nicht immer wieder aus der nichteuropäischen Welt, aus Vietnam, Kuba, Afghanistan, Indien, aus Somalia, Palästina und dem Irak, eine Mischung aus Gewaltbereitschaft, persönlicher Selbstaufopferung und Gruppenegoismus, Fatalismus und Fanatismus, religiösen und politischen Triebkräften an, die uns zutiefst fremd und unheimlich, »vormodern« erscheint?

Auch dort wünschen die Menschen nicht den Krieg. Aber sie führen ihn – für Werte, die ihnen wichtiger sind als Frieden. »Warum empören wir uns so sehr gegen den Krieg, Sie und ich und so viele andere, warum nehmen wir ihn nicht hin wie eine andere der vielen peinlichen Notlagen des Lebens? Er scheint doch naturgemäß, biologisch wohl begründet, praktisch kaum vermeidbar«, schrieb Sigmund Freud, 1932, an Albert Einstein. »Entsetzen Sie sich nicht über meine Fragestellung«, fügte er hinzu, er wußte, daß er an ein Tabu rührte – schon im vornuklearen Zeitalter.

Freuds Antwort: Es ist der Prozeß der Kulturentwicklung – die Aufwertung nicht nur materieller Güter, sondern jedes einzelnen Menschenlebens; die Erstarkung des Intellekts; die Verinnerlichung der Aggressionsneigung –, der uns psychische Einstellungen aufnötigt, denen der Krieg »in der grellsten Weise widerspricht«. Freud: »Darum müssen wir uns gegen ihn empören, wir vertragen ihn einfach nicht mehr, es ist nicht bloß eine intellektuelle und affektive Ablehnung, es ist bei uns Pazifisten eine konstitutionelle Intoleranz.«

Der kulturell konstituierte Pazifismus des Westens – kluge Diktatoren wie Hussein und vor ihm Hitler stellen ihn in Rechnung. Sie nutzen *das* Problem der modernen Weltgesellschaft, die Ungleichzeitigkeit der Kulturentwicklung und damit der Aggressionshemmung, um eigene politische Ziele mit Gewalt zu verfolgen. »Wie lange müssen wir nun warten, bis auch die anderen Pazifisten werden?« fragt Freud und äußert eine vorsichtige Hoffnung, daß neben der kulturellen Entwicklung die »berechtigte Angst vor den Wirkungen eines Zukunftskrieges dem Kriegführen in absehbarer Zeit ein Ende setzen« werde.

Aber ebendiese Angst, die im West-Ost-Konflikt so gute Dienste geleistet hat, greift im Golfkrieg nicht. Zwar wird sie ins gegnerische Lager hinein kräftig geschürt – aber nicht genug: Hussein konnte fast sicher sein, daß der Westen, wie schon im Vietnamkrieg, sein Vernichtungspotential nicht voll, bis zum Atomschlag einsetzt. Im Westen dagegen wurde die Angst vor dem Krieg durch die Angst vor einem möglichen späteren und schlimmeren Krieg übertroffen; besser, man fällt dem Diktator jetzt in den Arm, statt zuzuwarten, bis auch er sein Arsenal an Vernichtungswaffen aufgestockt hat.

Kulturentwicklung, rationalisierte Angst und Aggressionshemmung der Industrieländer können zwar als eine »Versicherung« gegen ihr gleichzeitig gewachsenes, kaum vorstellbares Vernichtungspotential gesehen werden – eine Garantie für den Frieden sind sie nicht. Angriffslust läßt sich verinnerlichen, nicht beseitigen. Auch die »Kulturnationen« des Westens bleiben kriegsfähig, kriegsbereit, ja kriegslüstern; was steckt wohl hinter der Faszination, mit der wir Tag für Tag den Showdown der Drohungen, Aufmarschpläne, Waffenstärken und vorausgesagten Schlachtverläufe verfolgt haben?

Man braucht nicht den Freudschen Todes- oder Destruktionstrieb zu bemühen, der, als ewiger Kontrapunkt, die historische Kulturentwicklung begleitet und sie zu einem prinzipiell spannungs- und risikoreichen Prozeß macht. Auch aus sich selbst heraus erzeugt der Prozeß seine Kriegsgründe: Die Interessen am Öl und an der Wahrung des westlichen Wohlstands gehören dazu, aber ebenso der Kampf für Menschenrechte und für ein Völkerrecht, das die Schwachen gegen die Starken schützt – mit Hilfe anderer Starker.

Daß in Europa, und in Deutschland zumal, niemand mehr zustimmend antwortet, wenn ein Kriegsruf ertönt, haben wir niemand mehr zu verdanken als den von uns geführten und vom Zaun gebrochenen Kriegen selbst. Nicht die Tugendhaftigkeit, der Krieg hat uns gelehrt, und nicht der Kriegserfolg, sondern das Scheitern. Alle kollektiven Tugenden, die wir uns heute zugute halten: Friedlichkeit und Freiheit, Rechtsstaat und demokratische Verfahren, nationale Gelassenheit und europäische Gesinnung – wie stünde es darum in Deutschland, hätte es den Krieg gewonnen? Ist der Krieg, nach Heraklit, der Vater aller Dinge, so ist die Niederlage ihre Mutter. Das Kriegstabu ist, in Europa, so groß, daß es diese Einsicht nicht mehr erlaubt.

Der Krieg ist Teil der Kulturentwicklung, deren wir uns heute erfreuen. Sie hat furchtbaren Blutzoll gekostet. Wird sie von jetzt an kostenlos zu haben sein? Vielleicht ist dies eine Illusion unserer Zeit auf der (west)europäischen Insel der Seligen.

Natürlich wünschen wir uns gesellschaftliches Lernen anders als durch Krieg und Niederlage. Wir sehen auch, wie Gesellschaften friedlich lernen können: durch »Versuch und Irrtum«, praktiziert in der Wissenschaft, in politischen Wahlen, im Rechtsstreit, in der Konkurrenz auf Märkten; überall also, wo es gelingt, ein Scheitern im Kleinen zu institutionalisieren und zu entschärfen. Was liegt näher, als die kulturellen Errungenschaften friedlichen Lernens auch den anderen anzusinnen?

Der Westen tut dies, kaum daß er sich selbst die blutigsten Lernveranstaltungen der Geschichte geleistet

hat. Es ergibt sich dabei eine merkwürdige Arbeitstei-
lung: Die USA stellen die Truppe, die internationalen
Konzerne die Waffen, das kriegsgebrannte Europa liefert die Moral der Friedfertigkeit; die Widersprüche lassen sich auch innerhalb jeder einzelnen Gesellschaft beobachten. Zynismus bietet sich an. Aber: Widersprüche
zu entfalten und auszuhalten ist das Charakteristikum
der Kulturentwicklung.

Allerdings, die Gesellschaften, die, außerhalb oder
am Rande der westlichen Entwicklung, aber doch von
ihr gewaltsam erfaßt, weder deren Segnungen noch deren Kriege zu verantworten haben, erleben diese Widersprüche anders: als von außen oktroyierte, durch die
sie, international, zu Armen, zu Gedemütigten, der eigenen Identität nicht mehr Mächtigen gemacht werden.
Nicht nur, daß ihnen die eigene kulturelle Entwicklung
abgeschnitten wurde, sie sollen die westliche im Ergebnis übernehmen, ohne daß ihnen die Lernschritte dahin, also auch Raub und Krieg, zugestanden werden.

Was immer man gegen Saddam Hussein, den Enteig-
ner, sagen muß: Er steht gegen diese Enteignung kollektiven Selbstbewußtseins, deren höchste Form das aus
dem Westen stammende Diktat der Friedfertigkeit ist.
Die Illusion der Fundamentalisten, man könne in der
Weltgesellschaft noch eine Gegenwelt zur westlichen
Kultur aufbauen, teilt er nicht. Aber er nimmt sich das
Recht, aus der westlichen Zivilisation zu übernehmen,
was ihm paßt, von der Enteignung der Reichen bis zur
chemischen Kriegführung, und nicht, was uns paßt. Er
ist der Starke der Schwachen. Deshalb spricht er die arabischen Massen vom Euphrat bis zum Atlantik an, die
Stummen sprechen durch ihn.

Vielleicht ist dies der tiefste Grund dafür, daß Saddam nicht weicht, daß er Krieg und militärische Niederlage einem Rückzug vorzieht, der trotz des amerikanischen Druckes als ein ehrenvoller darstellbar gewesen wäre. Indem er einem technologisch überlegenen Gegner die Stirn bietet, wächst ihm eine Mission als Symbol arabischen Stolzes und Selbstbewußtseins zu, auch im Untergang.

Die Folgen von Krieg und Niederlage sind den Motiven derjenigen, die den Krieg wollen, aber auch derjenigen, die ihn vermeiden wollen, meist entgegengesetzt. Die arabische Welt wird einen Märtyrer gewinnen, der Irak einen Diktator loswerden. Der Krieg feuert den antiwestlichen Fundamentalismus an, aber zugleich läßt er eine Welle der Verwestlichung in den Nahen Osten schwappen, die nicht nur die Technologien, sondern auch die politische, soziale und Familienorganisation der traditionell-autoritären Gesellschaften ergreift.

Der Westen wird aufgetrumpft haben, aber er wird die Zerstörungen, die er menschlich, politisch und moralisch angerichtet haben wird, wiedergutmachen müssen. Die moralische Pressionsmacht der Uno, auch auf die Vereinigten Staaten, wird wachsen: Man kann nicht für die Kuwait-Resolutionen den Krieg führen und die Palästina-Resolutionen auf sich beruhen lassen. Die arabischen Länder werden stärker werden – im Konflikt und in der Kooperation mit dem Westen.

Den Krieg wegen möglicher »guter« unbeabsichtigter und unvorhersehbarer Folgen zu wollen, wäre intellektuell absurd und moralisch monströs. Aber man kann nicht die Augen davor verschließen, daß sich Konflikte in der Weltgesellschaft weiter so zuspitzen, daß die Beteiligten den Krieg wollen, weil sie keinen besseren Ausweg sehen. Sie suchen, für die Gesellschaften, für die sie handeln, die fürchterlichste und riskanteste Belehrung – ohne wissen zu können, was sie lernen werden.

Krieg löst die in Diktaturen, aber auch in Beziehungen zwischen Gesellschaften blockierten Lernmechanismen aus. Seit 1968 besteht zwischen Israel und den Palästinensern ein Besatzungsverhältnis, das die ganze arabische Welt auch gegen Israels Schutzmacht USA verbittert, ohne daß Aussicht auf eine Problemlösung bestünde.

Vielleicht gibt es eine untergründige, von den Handelnden selbst uneingesehene Interessengemeinschaft der gegnerischen Gesellschaften am Krieg; die Lernblockaden zu zerschlagen, in die sie sich mit ihren jeweiligen Problemen verstrickt haben. Manchmal mag dies die Schuld einzelner Personen sein.

Es wäre aber ein gefährlicher Irrtum, darüber den Hintergrund des Golfkrieges zu vergessen: die unterschiedliche Kulturentwicklung von industrialisierten und nichtindustrialisierten Gesellschaften und die daraus zwangsläufg erwachsenden Dominanzbeziehungen und Autonomiebestrebungen.

Es gehört zu den Widersprüchen der Weltgesellschaft, daß nicht die Ärmsten und Gedrücktesten sich gegen die unentrinnbare westliche Kulturentwicklung zur Wehr setzen, sondern diejenigen, die ihr, im Bösen wie im Guten, näherstehen und von ihr profitieren – weil nur sie überhaupt wirkungsvoll kämpfen können. Husseins Irak gegen Amerikas Kuwait – das steht für den Konflikt zwischen Arm und Reich, zwischen

Selbstbehauptung der arabischen Welt und Abhängigkeit vom Westen, der jetzt auf die Tagesordnung der Weltpolitik geschrieben und dort lange bleiben wird.

Der Krieg am Golf macht auch den Europäern eine Zwangslage klar: entweder den nichtindustrialisierten souveränen Staaten das Recht einzuräumen, ihre eigenen Vormachtkriege zu führen und Vernichtungswaffen zu produzieren und zu kaufen, die auch auf uns gerichtet werden – oder in einer neuen Pax americana et europea die Welt kommerziell und militärisch mitzukontrollieren. Das Entsetzen über den Krieg hilft aus dem Dilemma nicht heraus. Wir sind zur Dominanz verurteilt.

Das Ende der Friedfertigkeit

An einem Februarmorgen wurden wir, fünf oder sechs bibbernde Gestalten, im vergitterten Fahrzeug nach Frankfurt-Eschersheim gebracht und der Musterungsbehörde polizeilich vorgeführt. Erbittert ließen wir die Prozedur über uns ergehen. Über eine Kultur des Sichwidersetzens verfügten wir damals, 1957, nicht. Aber eines stand fest: Für nichts und niemanden würden wir jemals in einen Krieg ziehen. Als Kinder hatten wir ihn erlebt, und das Gefühl, daß er abscheulich und sinnlos ist, hat unsere Generation nicht mehr verlassen. Drohte es zu ermüden, wurde es durch Bilder aus dem Vietnamkrieg und die Vernichtungsangst im Kalten Krieg wiederbelebt.

Erst als die Angst wich und mit dem Überfall auf Kuwait diskutiert wurde, wie einem aggressiven Diktator zu begegnen sei, kamen Zweifel auf: Könnte unser Gefühl, so authentisch es war, uns bittere Einsichten anderer Art verstellt haben? Kann Krieg – noch oder wieder – einen Sinn machen?

Von anderer Seite wurden unsere Zweifel nicht gerade zerstreut. Unsere Nachbarn und Bündnispartner schickten nicht nur kurzerhand Soldaten in den Golfkrieg. Sie ließen die erschrocken, wenn auch verfassungsmäßig wohlbegründet beiseite stehenden Deutschen auch Verachtung und Hohn spüren. Unsere hervorragende Friedfertigkeit – plötzlich warf sie den Schatten des Memmenhaften, des Trittbrettfahrens, ja des klammheimlichen Profitierens vom Krieg.

Daß wir im Vergleich zu anderen mit deutscher Friedensliebe wie Außenseiter dastanden, war für uns selbst eine überraschende und peinliche Einsicht, glaubten wir uns in diesem Gefühl doch mit allen Menschen guten Willens einig. Eine deutsche Sonderstellung wollten und wollen wir gewiß nicht. Unterderhand ist sie uns zugewachsen – ironischerweise aus dem gleichen Grund, aus dem wir sie heute ablehnen: aus den unheilvollen Erfahrungen mit dem alten deutschen Sonderweg, der entlang nationalistischer, idealistischer, autoritärer, militaristischer Wegmarken in zwei aufeinanderfolgende Weltkriege geführt hat.

Aus den Erfahrungen haben wir gelernt. Unser Lehrmeister war der Krieg, genauer: das Scheitern im Krieg. Darin waren die Deutschen, es ist schrecklich zu sagen, die Größten. Oder hat es jemals eine größeres Scheitern gegeben? Zwar sind Niederlage und Demütigung, Besetzung und Zerschlagung eines Staatsterritoriums, Sturz eines Regimes und Umerziehung nichts Ungewöhnliches. Aber wann je hat ein Volk auch so durchdringend Verantwortung und Schuld für die Niederlage *und* den Krieg, für die dahin führende Politik nationaler Größe, für das Kriegsleid und die schändlichen Massenvernichtungen spüren müssen?

Mag auch, aus psychoanalytischer Sicht, nicht richtig oder nicht genug getrauert worden sein: Historisch wird man kaum einen Fall tieferer Erschütterung kollektiver moralischer Integrität finden. Danach fanden sich die Deutschen in einer umgekehrten Sonderrolle wieder: weniger nationalistisch, in manchem pragmatischer und offener als die alteingesessenen Demokratien, auf alle Fälle aber: friedensgesonnener. Konformistisch mögen sie gewesen sein, weil sie glaubten, den Erwartungen der Siegermächte entsprechen zu müssen.

Daß die Deutschen, die noch bis vor einem halben Jahrhundert ihre Kriegsbereitschaft immer wieder unter Beweis gestellt haben, friedlicher seien als andere Völker, wird niemand behaupten. Ihre hervorstechende Ablehnung des Krieges ist also erlernt. Aber hätten ihre Nachbarn, die ja die gleichen Kriege von der anderen Seite geführt haben, nicht das gleiche lernen müssen?

Wohl kaum. Im Leben von Gesellschaften, wie im Leben von Menschen, macht es einen unauslöschlichen Unterschied, ob man der Überfallene oder der Angreifer war. Krieg, sagt Clausewitz, beginnt mit der Verteidigung. Die Deutschen setzen Krieg mit Angriffskrieg gleich, den zu verurteilen heute leichtfällt. Für ihre heutigen Verbündeten und früheren Gegner aber bedeutet Krieg eher: Verteidigung.

Auch die Siegermächte haben im Zweiten Weltkrieg nicht alle dasselbe gelernt: Die Sowjetunion, die aus ihm als Supermacht hervorging, war ein überfallenes Land, das ihm, je nach den Schätzungen, zwölf bis 20 Millionen Menschen opfern mußte. Auch im gewonnenen Krieg wird nicht nur Kriegsbereitschaft gestärkt; das Kriegsleid bleibt Lehrmeister der Friedfertigkeit – in Rußland und Polen mehr als in Frankreich, in Frankreich mehr als in England, und dort mehr als in den Vereinigten Staaten. Es gibt, als Ergebnis des Zweiten Weltkriegs, ein Ost-West-Gefälle der Friedfertigkeit. Wo man das Kriegsleid nicht oder nur schwach im eigenen Land gespürt hat, wird der Krieg weniger gefürchtet.

Wäre Friedfertigkeit nur auf Kriegsleid gebaut – wir müßten in der Sorge leben, daß der verwirklichte Frieden sich auf Dauer seine eigene Grundlage entzieht. Gottlob kann Friedfertigkeit sich noch auf andere Gründe stützen: auf ethische Gebote, wirtschaftliche Verflechtungen und Prosperitätsinteressen; auf die Zusammenfassung ehemals vagabundierender Gewaltsamkeiten beim Staat und auf die demokratische und rechtsstaatliche Kontrolle des Gewaltmonopols; nicht zuletzt auch auf die Angst vor den alles zerstörenden modernen Vernichtungswaffen.

Die Angst hat nachgelassen – und sogleich sind in den Nischen, in die die atomare Abschreckung nicht hineinreicht, neue lokale Kriege aufgeflammt. Werden wenigstens die weiter wachsenden wirtschaftlichen Bindekräfte und die Demokratisierung die Kriegsgefahren eindämmen? Werden das absehbare Ende der Diktatoren – auch wenn es nicht von heute auf morgen kommt – und der Ausgleich eklatanter Diskrepanzen zwischen Arm und Reich den Krieg an seinen Wurzeln packen, statt, wie bisher, Gewalt gegen Gewalt, Drohung gegen Drohung zu setzen und so einen unheilvollen Kreislauf fortzuschreiben?

Die neuen Kriege und Kriegsherde in Südosteuropa belehren uns eines Schlechteren. Die Schuldprojektionen, die wir zur Erklärung des Krieges zur Hand haben, wollen dort nicht recht greifen; kapitalistische Strukturen – Fehlanzeige; Diktaturen – der Krieg kommt, wo sie gehen; machtlüsterne Politiker, militärische Abenteurer; Profiteure – natürlich gibt es sie. Aber längst sind die Kriegsmotive im Volk zu finden, und nicht in einem Volk allein.

Serben, die wir zu Sündenböcken machen, demon-
strieren auch gegen den Krieg; Kroaten, wo immer man
sie fragt, wollen den Krieg fortführen, »bis wir unser
Land wiederhaben«.

Wenn die Bindungen zwischen Volksgruppen, Nachbarn, Familienmitgliedern, die jahrzehntelang friedlich
miteinander oder nebeneinander gelebt haben, jetzt im
Krieg zerreißen – kann man das nur der Irrationalität
der Menschen oder ihrer Verführbarkeit durch kriegs-
lüsterne Manipulateure zuschreiben? Muß nicht schon
vorher Konflikthaltiges und Problematisches dagewe-
sen sein, vor dem wir geflissentlich die Augen verschlos-
sen haben, weil es in unser Bild einer fortschrittlichen
Gesellschaft nicht gepaßt hat? Der Klassiker der Soziologie, Georg Simmel, hat gelehrt: Die Ursachen für die
Entzweiung sind nicht im Krieg, sondern vorher, im
Frieden (und in weiter zurückliegenden Kriegen), zu
suchen. Der Kampf ist dann eine Abhilfsbewegung, ein
Lösungsversuch für Konflikte, die jahrzehntelang unter dem disziplinierenden Zugriff eines halbtotalitären
Regimes und der übergreifenden Klammer des West-
Ost-Konflikts stillgestellt waren.

Worin liegen die Gründe der Entzweiung? In wirtschaftlichen Enttäuschungen und der Versagung politischer Selbstbestimmung, gewiß. Aber wäre es nur das,
wie erklärt sich dann, daß der Kampf zwischen Serben,
Kroaten und Moslems als ein ethnisch-religiöser Dorf
um Dorf, Haus um Haus entbrennt? Wenn die traditionellen Volks- und Religionszugehörigkeiten sich von
wirtschaftlicher und politischer Unzufriedenheit auf-
stacheln ließen, warum sind es dann die Grenzen zwischen Serben und Kroaten, orthodoxen und katho-

lischen Christen, zwischen Moslems und Serben, die so heiß umkämpft sind (und nicht einfach die Grenzen zwischen Oben und Unten, Herrschenden und Beherrschten)?

Entgegen unseren Vorurteilen vermute ich, daß es im früheren Jugoslawien wie nach dem Auseinanderfallen der Sowjetunion nicht die ökonomischen und politischen Interessen sind, die die ethnisch-religiösen Gefühle in Dienst nehmen, sondern umgekehrt: Tiefwurzelnde ethnokulturelle Identitäten, angespornt von Zukunftsvisionen der Selbstbestimmung, bedienen sich moderner Interessenkonflikte, um sich neu zu konstituieren.

In unserem Wunschbild, Gesellschaften über Interessenausgleich und vernünftige Verhandlungen zu steuern, haben wir die Wucht und Prägekraft kultureller Zusammengehörigkeitsgefühle sträflich unterschätzt. Es sind aber gerade die Konflikte zwischen kollektiven Identitäten oder Wertegemeinschaften, in denen es keinen Kompromiß, sondern nur ein Entweder-Oder gibt und die deshalb zu Gewalt und Krieg auflaufen können.

Ist der Krieg auf dem Balkan ein Gewaltausbruch, der *uns* nicht mehr passieren kann, weil

– im glücklichen Fortschrittseuropa die industriellen Konflikte die kulturellen durchschnitten und abgeschwächt haben,

– wir Institutionen gefunden haben, in denen Konflikte nicht unterdrückt, sondern geregelt ausgetragen werden,

– die Konzentration der Gewalt beim Staat uns eine zivile Gesellschaft hinterlassen hat?

Bewahren uns diese drei Bedingungen inneren Friedens vor künftigem Krieg?

Ich glaube nicht. Auch in modernen Gesellschaften erzeugt der Fortschritt Wertegemeinschaften, die sich wie Gott und Teufel gegenüberstehen und ihre Konflikte unerbittlich austragen. Aggressivität und Tötung sind als Verhaltensmuster nicht aufgehoben, sondern werden in Institutionen kanalisiert und für verschiedene Problemlösungen bereitgehalten.

Jede Wertegemeinschaft, ob sie sich rechts oder links versteht, greift nach ihnen, wenn es ihren höchsten Werten dienlich ist: Dieselben Bischöfe und frommen Christen, die gegen Selbsttötung und Abtreibung, manchmal unter Zuhilfenahme von Kirchenglocken, zu Felde ziehen, schenken der militärischen Organisation des Tötens im gerechten Krieg ihren Segen. Dieselben Friedensstreiterinnen und Ökologen, die sich für alles kreatürliche Leben auch der Zukunft verantwortlich fühlen, verteidigen die Tötung ungeborenen Lebens als Selbstbestimmungsrecht der Frau.

Was wäre, wenn solche und andere Entfaltungsrechte, die wir als Kern unserer individuellen und kollektiven Identität erleben, uns ernsthaft – und möglicherweise gewaltsam – bestritten würden? Hoffen wir, daß diese Probe auf Friedfertigkeit uns nie abverlangt wird. Solange sie aber aussteht, sind wir schlecht beraten, über die, die für ihre Identität gewaltsam kämpfen, zu richten.

Genau dies wird uns jedoch in der neuen Weltlage abverlangt, paradoxerweise von den Kämpfenden selbst. Die Serben wollen den Beistand der internationalen Gemeinschaft zum Schutz ihrer Landsleute in

Kroatien, die bosnischen Moslems zum Schutz gegen die Serben. Moralisch gut begründete Schutzbegehren solcher Art tauchen in der Weltgesellschaft, die sich aus unzähligen kollektiven Identitäten ihre Gestalt sucht, mehr und mehr auf. Der Form nach richten sie sich an die Vereinten Nationen, de facto an deren harten Kern: die Staaten des Westens, die kraft ihrer Waffen, Waren und Werte als überlegene Problemlöser angesehen und dadurch dominant werden.

Die Deutschen gehören dazu, mögen sie selbst auch die letzten sein, die Dominanz anstreben. Erfahrung hat sie gelehrt: Durch eigene Großmachtpolitik wird man klein, unter dem Schutzschild von Siegermächten kann man groß werden. Zu Recht haben sie jahrzehntelang ein Selbstbild entworfen, in dem Gewaltlosigkeit, Gleichheit und Selbstbestimmung hervorstechen. Nicht zuletzt der passablen Verwirklichung dieser Werte bei sich selbst, also der moralischen Ablehnung von Dominanz, verdanken die heute mächtigen Gesellschaften ihre Dominanz auch im Moralischen.

Daher das Dilemma: In militärischen Interventionen setzen die dominanten Gesellschaften nicht nur das Leben ihrer Soldaten, sondern auch ihre eigenen Wertgrundlagen aufs Spiel. Stehen sie aber beiseite, gar noch in der unmöglichen Rolle des zuschauenden Schiedsrichters, in die sich Uno und EU jetzt hineinmanövrieren, dann können sie die Idee der internationalen Friedenssicherung in die Sterne schreiben.

So wie der innergesellschaftliche Frieden die Konzentration der Gewalt beim Staat voraussetzt, ist der internationale Frieden nicht ohne ein glaubhaft drohendes Gewaltkartell der dominanten Staaten zu haben, dem sich, sieht man die Dinge optimistisch, immer mehr Staaten anschließen. Seine Kontrolle und Legitimation sind prekär, der Weg zu ihm hin ist lang, widerwärtig, voller Risiken und Fallstricke.

Die Deutschen, immer noch ein glücklicher Sonderfall, tun gut daran, sich nicht zu weit vorzuwagen und sich ihrer unglücklich erworbenen Friedfertigkeit nicht zu schämen.

»Der gute Krieg«

»Der gute Krieg« lautet der Titel eines Buches, in dem der in den Vereinigten Staaten populäre Journalist Studs Terkel Eindrücke seiner Landsleute wiedergibt, die den Zweiten Weltkrieg miterlebt haben – denselben Krieg, der für uns Deutsche der Inbegriff des Bösen ist. Die Amerikaner, die eine gute Meinung von jenem Krieg haben, sind keine Generäle, Politiker, Wirtschaftsbosse, sondern einfache Menschen, die Schrecken und Leiden des Krieges auch als Landser kennengelernt haben. Nicht wenige von ihnen sind deutscher Herkunft.

Wie kommt es, daß ein und derselbe Krieg von Amerikanern und Deutschen so unterschiedlich, ja gegensätzlich beurteilt wird? Daß Menschen jenseits des Atlantiks ein sittlich geringerwertiges Urteil eigne, daß ihre Moralität zu wünschen lasse, können wir schwerlich annehmen (oder sollten wir dieser Annahme unausgesprochen vielleicht doch zuneigen?). Näher liegt uns die Erklärung, daß der gemeine Mann noch nicht die rechte Aufklärung genossen habe und deshalb den Verführungskünsten der Interessenten am Kriege fast widerstandslos ausgeliefert sei. Auch bei uns – so haben wir als gebildete und sozialwissenschaftlich beschlagene Denker jahrzehntelang argumentiert – sind ja die einfachen Arbeiter, Konsumenten, Wehrpflichtigen von skrupellosen Manipulateuren um die Einsicht in ihre wahren Bedürfnisse gebracht worden; wieviel mehr muß dies erst für ein Land wie die USA gelten, in dem der Kapitalismus die Fratze der Gewinnsucht und Gewalt so unverblümt zeigt und ein darniederliegendes Schulsystem dem nichts entgegenzusetzen hat? Indessen sind Zweifel an der Manipulierbarkeit der Menschen im Guten wie im Schlechten gewachsen. Der Sozialismus hat in 70- und 40jährigen Bildungsdiktaturen keine bescheiden-friedlichen, der Kapitalismus trotz enorm verfeinerter Manipulationstechniken keine kriegsbereiten Menschen hervorgebracht: 20 Jahre nach ihrem »guten« Krieg erlebten die Amerikaner den Vietnamkrieg als schlecht und schmutzig, und in ihrer Mehrheit lehnten sie den Golfkrieg (aus dem später ein »guter« und heute ein doch wieder nicht ganz so guter Krieg werden sollte) zunächst ab. Wie Ekkehart Krippendorff anhand der »Kriegsausbruchsforschung« bemerkt: Den eher widerstrebenden Völkern muß ihre Zustimmung zum Kriege propagandistisch abgenötigt werden.

Also doch Manipulation? Man mag es so nennen. Die beängstigende Frage aber bleibt: Warum folgen die ansonsten ja weder rundum manipulierbaren noch schlankweg kriegslüsternen Völker in Situationen der Kriegsvorbereitung und des Kriegsbeginns ihren Führern? Als etwas rein Erzwungenes oder gar aus dem Nichts Erschaffenes kann man die massenmedial herbeigeführte Zustimmung, oft sogar Begeisterung zum Kriege nicht verstehen. Es muß da einen Brennstoff geben, an dem der propagandistische Funke sich entzünden kann. Was diese »Sache« ist, muß uns beschäftigen. Sie setzt sich zur Friedfertigkeit der Menschen in einen tiefen Widerspruch, den der Sozialpsychologe Manès Sperber aus der Erfahrung zweier Weltkriege in seiner

Rede zur Verleihung des Friedenspreises des Deutschen Buchhandels folgendermaßen beschrieb: »Während der ersten Tage eines Krieges herrscht in den kriegführenden Ländern eine Stimmung vor, die schlechthin unbeschreiblich ist, weil sie merkwürdige Euphorien und Urängste, Gefühle persönlicher Befreiung und allgemeiner Verknechtung vermischt.«

Ich komme auf die beunruhigende Frage zurück. Zunächst aber steht die Antwort auf die Ausgangsfrage noch aus: Warum wird ein und derselbe Krieg im nachhinein von der einen Seite als gut, von der anderen als böse beurteilt? Wenn Unterschiede der Moral, der Vernunftbegabung, der Manipulation zur Erklärung nicht hinreichen, können die Gründe nur in den Voraussetzungen, Umständen und Ergebnissen des Krieges selbst gesehen werden: Die Deutschen waren in ihm die Angreifer und Verlierer, die Amerikaner Verteidiger und Gewinner. Die Deutschen wurden durch ihn mit dem Verlust ihrer territorialen, staatlichen und moralischen Integrität bestraft, die Amerikaner mit dem Rang der ersten Weltmacht und der Anerkennung moralischer Überlegenheit ihrer Lebensform belohnt. Die Deutschen verloren viele Millionen Menschen und mußten sich neben Leid und Verwüstungen im eignen Land das von ihnen verschuldete, noch größere Leid anderer Völker zuschreiben, die Amerikaner konnten den Krieg vom eigenen Boden fern- und ihre Verluste – im Verhältnis – geringhalten.

Es sind in dieser Gegenüberstellung gewiß nicht alle kollektiven Erfahrungen und anderen Faktoren genannt, die das Verhältnis einer Gesellschaft zum Kriege bestimmen. Jede hat ihre eigene geschichtliche Mi-

schung von schlechten – aber eben: nicht nur schlechten – Erfahrungen mit dem Krieg und deshalb ihr eigenes Verhältnis zu ihm. Unter den Gesellschaften des
Westens gibt es keine, in der die Ablehnung des Krieges
sich so ausgeprägt hat wie in der deutschen – westlich
und östlich des ehemaligen Eisernen Vorhangs. Die Erfahrungen von zwei hintereinander durchgemachten,
selbstverschuldeten und verlorenen Weltkriegen sind
dafür verantwortlich; aber auch der Kalte Krieg, in dem
Frieden für das politisch noch entmachtete, gleichwohl
als Aufmarsch- und Zielgebiet atomarer Vernichtungswaffen dienende Deutschland zu einer Frage von exi-
stentieller Rationalität wurde.

Ob es uns gefällt oder nicht: Das deutsche Urteil zum
Krieg in all seiner Rigorosität war ein Sondervotum, der
Rückschlag eines Pendels. Durch Schaden wird man
klug, sagt ein Sprichwort – und so fühlen wir uns auch
angesichs der Kriege in Äthiopien, Afghanistan, Aser-
baidschan, Irak, Bosnien. Ob dies besonders klug ist, ist
eine andere Frage. Jedenfalls: Genausowenig wie die
Menschen dort können auch wir aus der Haut unserer
kollektiven Erfahrungen und Urteile heraus.

Besondere Erfahrungen und die daraus herrührende
uneingeschränkte und leidenschaftliche Verurteilung
des Krieges prägen unsere Vorstellungen davon, was
Kriege sind, was sie bewirken und wie sie zu verhindern
sind. Wenn wir auch vom Krieg an sich zu sprechen
glauben, sprechen wir doch immer über unser Verhältnis zu ihm. Wie an einem Leitstrahl orientiert sich unser
Denken an dem Wunsch, den verabscheuten Krieg auszumerzen. Kann man eine Sache, die man so sehr verurteilt, überhaupt verstehen? Und wenn man den Krieg

verstehen will, lockert man damit nicht schon die Ächtung, die seit dem 19. Jahrhundert in Europa als die wirksamste Waffe zu seiner Bekämpfung gilt? Leichthin kann man diese Frage nicht verneinen. Jedoch ist die moralische Ächtung des Krieges allein mit der Aufgabe der Kriegsverhütung offenbar überfordert. Wollen wir uns nicht immer wieder von dem Verabscheuten überraschen, vielleicht sogar vereinnahmen lassen, dann müssen wir wohl den Versuch machen, uns verstehend auf es einzulassen – auf die Gefahr, im Verständnis auch unser Urteil abzumildern, und in der Hoffnung, dem Unerwünschten darin letztlich doch wirkungsvoller begegnen zu können.

Kriege sind, dem vorherrschenden alltagssprachlichen und sozialwissenschaftlichen Verständnis zufolge, mit Gewalt ausgetragene Konflikte zwischen Staaten oder politischen Gruppen. An den drei zentralen Elementen dieses Verständnisses: Konflikt – Gewalt – politische Organisation setzen denn auch die Überlegungen der Friedensforschung zur Kriegsverhütung an: Konflikte sind wenn nicht auszurotten, so doch durch eine Politik des Interessenausgleichs an den Wurzeln zu behandeln und zu entschärfen; an die Stelle gewaltsamer Lösungsversuche können dann rationale Verhandlungen und Kompromisse treten; die Politiker als Repräsentanten der Staaten sind vom Volk über demokratische Institutionen so zu kontrollieren, daß sie ehrgeizige Eigenziele nicht mehr mit kriegerischen Mitteln verfolgen können.

Ich kritisiere diese Vorstellungen nicht, weil sie utopisch wären, im Gegenteil. Die realen alltäglichen Beziehungen zwischen Staaten und Völkern verlaufen

überwiegend nach ihrem Muster. Nicht auszudenken,
wie die Welt aussähe, wenn dem nicht so wäre! Gute
Gründe und viele Anzeichen sprechen sogar dafür, daß
die angedeuteten Vorstellungsmuster eine starke nor-
mative Kraft entfalten und sich in der Weltgesellschaft
noch ausbreiten. Und dennoch: Entscheidende Dimen-
sionen und Funktionen von Konflikt, Gewalt und
Gruppenbeziehungen blenden sie aus und bleiben deshalb von den Kriegsgründen auf eine seltsame Weise
entfernt. Sofern sie den Krieg als eine – heute für uns
Gott sei Dank: außeralltägliche – Erscheinung an seinen
Wurzeln gar nicht erreichen, taugen sie nicht zu seiner
Verhütung, auch dann nicht, wenn sie sich mehr und
mehr durchsetzen. Sie wecken Hoffnungen, die, so ist
zu befürchten, immer wieder enttäuscht werden.

Indem sie Konflikte auf Auseinandersetzungen über
Interessen, Gewalt auf ein Mittel zur Konfliktlösung,
Politik auf individuelle Zielbestrebungen (seien diese
vernünftig oder pathologisch) zurückführen, lassen sie
die andere Seite sozialer Realität im dunkeln: die identitätsstiftende Bedeutung von Konflikten, die expressive
Funktion von Gewalt, die kollektive Bestimmtheit politischen Handelns. Möglicherweise aber sind es gerade
diese Aspekte sozialer Existenz, die sich, normalerweise latent bleibend, in außeralltäglichen Situationen
zu Kriegsgründen verdichten. Daß sie in unseren zeit-
gemäßen Überlegungen zu Krieg und Frieden unterbelichtet bleiben, ja verdrängt werden, hat gewiß mit unseren Kriegserfahrungen und dem Wunsch zu tun, den
Krieg nicht mehr zuzulassen und den Frieden »zu machen«. Liegen die Gründe für den Krieg in jenem Schat-
tenreich, in das wir mit unseren Forschungsfragen nur

schwer hineinkönnen und ungern hineinwollen, dann sind unseren politischen Gestaltungsmöglichkeiten zugunsten des Friedens Grenzen gesetzt. Ein beunruhigender Gedanke. Sollte er uns davon abhalten, die Frage nach sozialen Konflikten, Gewalt und kollektiven Identitäten neu zu stellen?

Soziale Konflikte werden im Krieg zwar sichtbar und oft zum äußersten gesteigert, der Krieg selbst jedoch ist im Grunde kein Konflikt, sondern der oft verzweifelte Versuch einer »Abhilfsbewegung« gegen Entzweiungen (Georg Simmel), also einer Auflösung von Konflikten, die sich im Frieden – und in früheren Kriegen – ausgebildet und oft lange geschwelt haben. Daß diesen Konflikten durch die »richtige« Gesellschaftsordnung und eine angemessene Politik des ökonomischen Ausgleichs und der Beteiligung benachteiligter Gruppen an politischer Herrschaft die Spitze genommen werden kann, gehört zu den weithin geteilten Grundthesen der Friedensforschung.

Dieser Hoffnung stehen leider zwei Beobachtungen entgegen. Die erste kann man, nach dem scharfsinnigen Sozialanalytiker der Französischen Revolution und der amerikanischen Demokratie, als *Tocquevilles Theorem* bezeichnen: Je mehr unterdrückte und benachteiligte Gruppen Befreiung und Besserstellung erfahren, desto konfliktfähiger werden sie. Je näher die zur Gleichheit Aufstrebenden den Bevorzugten rücken, desto genauer werden verbleibende und neue Ungleichheiten wahrgenommen und desto größer werden Reibungs- und Konfliktflächen.

Aber auch wenn die daraus entstehenden Interessenkonflikte als Verteilungskonflikte und Wachstumsprozesse nach der Devise »Vorteile für alle« entschärft werden könnten: Es ist gar nicht diese Art von Konflikten, die in den Krieg führt. Quincy Wright, unter den Kriegsforschern der bedeutendste, kommt aufgrund der Sichtung des historischen Materials zu dem Ergebnis, daß ökonomische Faktoren bei der Entstehung von Kriegen allenfalls einen indirekten, zusätzlichen Einfluß ausüben und daß Kriege generell nicht durch Kampf um knappe Ressourcen erklärt werden können. Ein Blick auf die gegenwärtigen Kriege auf dem Balkan und dem Territorium der ehemaligen Sowjetunion bestätigt dies: Die aus der Unterdrückung auftauchenden Völker führen nicht gegen Diktatoren oder für wirtschaftliche Interessen Krieg (so wie aus den Klassenkämpfen ja auch anderswo keine Klassenkriege wurden), sondern für Zusammengehörigkeitsgefühle und Lebensformen, die religiös, sprachlich, durch gemeinsame historische oder zukunftsorientierte Wertbilder bestimmt sind, kurz: für ethnokulturelle Identität.

Die Suche nach kollektiven Identitäten ist keine Angelegenheit, die der Vergangenheit angehört. Sie ist ein altbekannter Vorgang, dessen Bedeutung und Sprengkraft aber in der Moderne nicht nachläßt, sondern noch wächst. Je mehr Staaten und Völker sich füreinander öffnen und einander in einer Weltgesellschaft nahe rücken, desto größer werden auch die Verwicklungen, Konflikte, Abgrenzungsbemühungen von Wertgemeinschaften, die sich selbst behaupten wollen oder auf der Suche nach neuen Ufern sind. Konflikte darüber, was man selbst ist, mit wem man eins und von wem man getrennt sein will, werden, anders als Interessenkon-

flikte, mit besonderer Leidenschaft ausgetragen. Die
Affektivität jener Konflikte, die wir aus Paarbeziehun-
gen und -trennungen kennen, potenziert sich noch in
kollektiven Prozessen, in denen die Gefühle vieler
Menschen einander im Gleichklang bestärken.

Trotzdem: Können nicht auch diese leidenschaft-
lichen Identitätskonflikte im rationalen Diskurs und
durch Verhandlungen, also letztlich ohne *Gewalt* geregelt werden? Die Fortschritte bei der innerstaatlichen
Eindämmung von Gewalt können uns hoffen lassen.
Aber auch dabei sollten wir die Augen nicht davor verschließen, daß unterhalb der beim Staat konzentrierten
Gewaltpotentiale auch private Gewalt bleibt und zum
großen Teil von Menschen gegen Menschen gewandt
wird, die sich intim kennen. Gerade in Situationen sozialer Nähe können Verhandlungen in eine Ergebnislo-
sigkeit führen, die zumindest für einen der Beteiligten
unerträglich ist. Das gilt für Individuen und für Kollektive. Den Rückgriff auf kollektive Gewalt in solchen
Situationen einer »historischen Logik politischer Un-
vernunft« zuzuschreiben – so der Untertitel eines Buches über Staat und Krieg von Ekkehart Krippendorff –
heißt, alle vorangegangenen Generationen für dumm
zu erklären. Wir – und natürlich auch nur wir gerade
Nichtkriegführenden – wären demnach die ersten, die
den Durchblick hätten. Die Aussicht ist nicht gerade
ermutigend. Denn woher nehmen wir zu unserer plötz-
lichen Klugheit die Macht, die jahrtausendelang zur
Kulturinstitution des Krieges geronnene Dummheit
unserer Vorfahren auszumerzen?

»Aus den kriegerischen Völkern ging die Kultur hervor, während die friedlichen Sammler und Jäger in die

Randzonen der Erde vertrieben wurden...«, heißt es in Quincy Wrights *A Study of War*. Der kollektiven Gewaltanwendung eine Kulturleistung, ja die Hervorbringung von Kultur schlechthin zuerkennen zu wollen ist uns ein widerwärtiger Gedanke. Zumindest für die Gegenwart scheint sich ein solcher »Sinn« des Krieges ins Gegenteil verkehrt zu haben. Auch in den Kriegen unterhalb der Atomschwelle, deren Zeugen wir gegenwärtig sind, erkennen wir fast ausschließlich Zerstörung, Entzweiung, Grausamkeit. Und doch: Gegen die Verletzungen der Menschlichkeit werden die Formen, Regeln und Grenzen aufgerufen, die sich in der Geschichte des Krieges als Einverständnisse der Kämpfenden herausgebildet haben. Jeder Krieg stellt von neuem als erstes eine Übereinstimmung der Kontrahenten über den Krieg selbst, über die Anwendung kollektiver Gewalt her. Ohne diese Übereinstimmung könnte es zwar einseitige Überfälle und Aggression geben, nicht aber den Krieg als einen bewaffneten Kampf »von beträchtlichem Ausmaß und beträchtlicher Dauer« (Wright). Der Krieg beginnt mit der Verteidigung, sagt Clausewitz. Durch einseitigen Verzicht auf gewaltsame Verteidigung könnte jeder Krieg vermieden werden – um den Preis der Unterwerfung.

Unterwerfung und gewaltloser Widerstand können unter Umständen dem bewaffneten Kampf vorzuziehen und eine Machtquelle eigener Art sein. In der Geschichte der Menschheit haben sie sich allerdings gegen den oft pathetisch deklarierten Wert der Selbstbehauptung in keiner Kultur durchsetzen können. Auch Clausewitz, der immer wieder als Kronzeuge für die Unterordnung des Krieges unter die Politik angerufen wird,

hat neben dieser instrumentellen auch eine existentielle
Auffassung vom Krieg emphatisch vertreten: »Ich
glaube und bekenne, daß ein Volk ... unüberwindlich
ist in dem großmüthigen Kampf um seine Freiheit. Daß
selbst der Untergang dieser Freiheit nach einem bluti-
gen und ehrenvollen Kampf die Wiedergeburt des Volkes sichert und der Kern des Lebens ist, aus dem einst
ein neuer Baum mit sichern Wurzeln schlägt...«

Wir berühren damit ein Verständnis vom Krieg, das
uns besonders befremdlich und unzeitgemäß erscheint:
die kämpferisch organisierte und ritualisierte Gewalt
als identitätsstiftende Kraft eigener Art – kann man sagen: als Selbstwert? Wenn der Ausdruck des individuellen – und erst recht: des kollektiven – Selbst so eng mit
Gewalt verbunden ist und manchmal nur durch Gewalt
möglich erscheint, läßt sich der Krieg durch Kosten-
Nutzen-Kalküle und voraussehbare Opfer nicht ab-
wehren, im Gegenteil: Kollektive Identität »fordert«
diese Opfer, »erbringt« sie und ist auch in der Klage
noch stolz darauf. Daß der Zusammenhang von kollektiver Identität, Gewalt und Opferstolz in Deutschland
durch die Verbrechen des Naziregimes und den Holo-
caust moralisch diskreditiert und zerrissen wurde, ist
womöglich ein historisch erstmaliger Vorgang. Aber
können wir sicher sein, daß diese Diskreditierung zum
Normalfall wird? Daß wir daraus ein für allemal gelernt
haben? Lebt der unheilvolle Zusammenhang nicht im
Selbstverständnis gewalttätiger Jugendgruppen schon
wieder auf?

Es ist gerade 50 Jahre her, daß der Komplex von
Gewalt, kollektiver Identitätssuche und Opfertum in
Deutschland furchtbar und faszinierend zelebriert

wurde. Die Nazis haben ihn inszeniert – erfunden haben sie ihn nicht. Wenn die Geschichte Hitlers die Geschichte seiner Unterschätzung ist, dann sind wir vielleicht dabei, diese Unterschätzung nun gegenüber der Kultur der Gewalt und der Prägekraft kollektiver Identitäten insgesamt zu wiederholen – indem wir Kriege nicht anders verstehen wollen denn als reine Machenschaften im Dienste politischer oder ökonomischer Interessen. Eine solche Interpretation ist entlastend, denn was gemacht wird, kann auch wieder beseitigt werden.

Dem Bild des Krieges als einer Veranstaltung des Führers oder einer politischen Klasse von Individuen entspricht das Bild der Kriegsvermeidung durch eine demokratische Kontrolle, die ebenfalls auf Individuen als selbstbestimmende Bürger zurückgreift, die, wie Krippendorff unter Berufung auf Kant schreibt, sich sehr wohl davor hüten würden, wenn sie denn gefragt würden bzw. sich politisch artikulieren könnten, Kriege zu beschließen, die sie selbst zu bezahlen hätten und durch die sie sich selbst physisch und materiell schaden würden.

Was in dieser Sicht zu kurz kommt, ist die Tatsache, daß die Menschen neben höchstpersönlichen und selbstbezogenen Vorstellungen, Bedürfnissen, Interessen, also einer individuellen Identität, auch solche Vorstellungen in sich tragen, die sie mit anderen teilen und die sich auf den Zustand des Gemeinwesens beziehen. Solche *kollektiven Identitäten* sind Vorstellungen davon, mit wem man zusammengehört und für welche Werte man gemeinsam steht. Sie sind vielfältig und erschöpfen sich nicht in familialen, religiösen, ethni-

schen, nationalen Wirgefühlen; auch emphatischer
Individualismus als Lebensform kann zu einem kämp-
ferischen Wirgefühl werden – und ist von den Vereinigten Staaten in den Krieg überführt worden. In der spürbaren Übereinstimmung mit den Gefühlen anderer
erfahren Einzelgefühle eine Steigerung, Ladung und
kämpferische Schubkraft, die sie als individuelle Identitäten nicht erreichen können. Auch so erklärt sich die
Affinität von kollektiven Identitäten, Emotionen und
Gewalt.

Ob kollektive Identitäten im Konflikt sich des Ehr-
geizes politischer Führer bedienen oder ob diese sich
zum Sprachrohr von Wirgefühlen machen, um persönliche Machtgelüste zu befriedigen, ist eine durchaus offene Frage. Jedenfalls: Aus ökonomischen Interessen
allein können Kriege, wie wir gesehen haben, nicht entstehen und aus dem Nichts auch nicht. Die Frage, wor-
aus sie gemacht werden, führt immer wieder zu kollektiven Identitäten zurück, die ihrerseits nicht beliebig
machbar sind, sondern die sich in hochkomplexen und
konfliktreichen Prozessen ausbilden.

Das Credo der Friedensforscher »Kriege werden gemacht« ist deshalb so richtig wie irreführend. Richtig,
weil kollektive Identitäten im Konflikt in der Regel ihre
politischen Repräsentanten finden, die für sie handeln.
Irreführend, sofern der Eindruck erweckt wird, die
politischen Akteure handelten aus eigener Machtvoll-
kommenheit und könnten sich den legitimatorischen
Hintergrund ihrer Entscheidungen nach Belieben
schaffen. Irreführend auch in dem Glauben, das Volk
als Komposition von rationalen Individuen würde,
wenn es die machtversessenen Politiker in demokrati-

schen Verfahren nur richtig an die Kandare nehmen könne, »den Frieden machen«.

»Wie sehr hatten sich diejenigen geirrt, die von einem Anteil der Völker am Staatsleben oder, wie Kant sich ausgedrückt hat, von einer Republikanisierung der Staaten eine Verminderung der Kriege erhofften. Früher hatte ein besiegter Staat nur den Verlust von Provinzen zu verschmerzen, ein Minus an berechenbaren Machtmitteln. Fortan hatte man verlorene Brüder und Schwestern zu beklagen, und dieser Verlust war unberechenbar«, schrieb Friedrich Meinecke in *Die Idee der Staatsraison in der neueren Geschichte*. »Die Orientfrage, die bis zur Mitte des 19. Jahrhunderts lediglich eine Machtfrage und ein politisches Rechenexempel zwischen den Großmächten gewesen war, ... erhielt ihre volle Virulenz und Gefährlichkeit für Europa erst durch die nicht mehr zu bändigenden nationalen Aspirationen der Balkanvölker.« Im Jahr 1924 für die Vergangenheit geschrieben, für heute wahrhaft prophetische Worte!

Keine Überlegung zum Krieg ist heute denkbar, ohne daß man seine Ansicht zu den Bedingungen der Möglichkeit des Friedens darlegt. Ich habe dies an anderer Stelle, in *Lehrmeister Krieg*, getan. Mittlerweile bezweifle ich die Nützlichkeit von Analysen, die unter dem Postulat stehen, der Friedenspolitik zu nützen, und sich deshalb auf die politisch machbaren und wegmachbaren Bedingungen von Krieg und Frieden konzentrieren. Demgegenüber habe ich mich hier um eine Annäherung an den Krieg bemüht und nach den Untergründen und unintendierten Funktionen gefragt, die sich dem Zugriff von Kriegstreibern und Friedenspolitikern weitgehend – wie weit, wissen wir nicht genau – entziehen. Dabei geht es mir nicht um eine »Theorie des Krieges«, sondern um die Erörterung einiger sozialer Tatbestände, die in der zeitgenössischen Kriegsforschung unterbelichtet bleiben: sich selbst erzeugende Konflikte, eigenwertige Gewalt, kollektive Gefühle. Alle drei haben tiefe Wurzeln in der Kulturgeschichte der Menschheit. Was aber viel beunruhigender ist: Alle drei sind keine Relikte der Vergangenheit, sondern werden auf dem weiteren Weg in die Moderne immer neu herausgefordert. Sie sind Weggefährten in die Weltgesellschaft, Bestandteile des Fortschritts, in dessen geschöntes Bild sie nicht passen.

Politische Maßnahmen und moralisches Engagement können, so fürchte ich, den Krieg nicht an den Wurzeln fassen. Entwertet werden sie dennoch nicht, auch wenn sie gleichsam nur an Symptomen ansetzen können. Die Politik ist gegenüber dem Krieg in einer ähnlichen Situation wie die Medizin gegenüber (noch) unheilbaren Krankheiten. Therapeutische Eingriffe können Leiden auch verschlimmern.

Der Kampf gegen den Krieg wird weiter geführt werden müssen – aber nicht mit dem Ziel des Sieges (das ja selbst der Sprache des Krieges entlehnt ist), sondern mit dem Bild des Sisyphus vor Augen. Aus den Parodoxien und Dilemmas dieses Kampfes werden uns weder die normativen Entwürfe der Friedensforscher noch ein forscher militärischer Interventionismus entlassen können. Wer heute mit Soldaten auf den Balkan ziehen will, um Frieden zu erzwingen, wird den Krieg zunächst nur anheizen. Aber auch Gesellschaften, die dem

Krieg abgeschworen haben, müssen sich revidieren, sofern sie mit unerträglichem Unrecht und Unmenschlichkeiten konfrontiert werden. Auf die Option des Krieges verzichtet letztlich nur, wer alle andern Wertverletzungen hinzunehmen bereit ist.

Krieg der Gefühle

Was Krieg ist und wie Krieg ist, darüber will ich nicht sprechen; es fehlen mir, sehe ich von meinen allerersten Lebensjahren ab, Erfahrungen; zum Glück. Sprechen will ich von Wirkungen des Krieges, der augenblicklich im Südosten Europas geführt wird, dabei nur von solchen Wirkungen, die wir alle verspüren. Ich meine damit die Gefühle, die der Krieg auslöst. Gefühle sind der Stoff, in dem sich die Menschen am ähnlichsten sind – mögen sie sich ansonsten noch so sehr durch Kenntnisse, Willensstrebungen, Werte und Normen, Rechtfertigungen, Selbsteinschätzungen unterscheiden. Es geht hier nicht um höchstpersönliche Eigenarten, die es im Gefühlsleben auch gibt, sondern um Gefühle, die wir mit anderen teilen. Ich knüpfe an einen Klassiker der Soziologie an, Emile Durkheim, der in diesem Sinne zwischen individuellen und kollektiven Gefühlsvorstellungen unterschied. Die letzteren interessieren den Soziologen – genauer: Sie sollten sein Untersuchungsfeld sein – sehr viel mehr und systematischer, als es bisher der Fall war.

Natürlich erscheinen dem Soziologen Gefühle nie unvermittelt, sondern immer kulturell geprägt. Kollektive, von vielen geteilte Gefühle weisen deshalb auch kulturelle Besonderheiten auf. Aber unter kultur- und klassenspezifischen Gefühlsschichten gibt es immer noch tiefere Schichten, grenzaufhebende Gemeinsamkeiten. Kollektive Gefühle verbinden uns auch mit denjenigen, die nicht mehr leben oder in anderen Kulturen leben. In den allgemeinsten Gefühlen finden auch die eigenwilligsten Individuen noch einen gemeinsamen Stamm. Auf solche letzten Gemeinsamkeiten ziele ich nicht, wenn ich im folgenden »Wir« sage; wohl aber auf europäische, insbesondere deutsche Übereinstimmungen, durch die ich mich anderen verbunden fühle, ob sie politisch links oder rechts stehen, älter oder jünger, Frauen oder Männer sind.

Diese Art Gefühlssoziologie mag ungewohnt und befremdlich erscheinen. Sie erleichtert allerdings die Kritik: Man kann auf der Stelle prüfen, ob ich bestimmte Gefühle verfehle, und jeweils Einspruch erheben.

»Stell dir vor, es ist Krieg und keiner geht hin ...« – wie oft haben wir dieses (übrigens immer unvollständig und sinnentstellend zitierte) Brecht-Wort gehört oder im Mund geführt: als Vision für ein richtiges, ein gutes Verhältnis zum Krieg. Nun aber, wo das Wunschbild Wirklichkeit geworden ist, wo uns niemand zu den Waffen ruft, fühlen wir uns schlecht, irgendwie verantwortungslos. Wem wäre angesichts der Kriegsgreuel und Vertreibungen in Bosnien nicht, allen Friedensbeschwörungen zum Trotz, schon einmal die Wut und der Wunsch hochgekommen, die Westmächte, »wir«, würden militärisch dreinschlagen?

Jahrzehntelang hätten wir uns solche Gefühle nicht zugetraut. Unser »Nie wieder« nach den furchtbaren selbstverschuldeten Weltkriegen, unsere in der prosperierenden Bundesrepublik gestärkte Friedlichkeit, das waren, das sind doch echte, über alle Parteiungen hinweg geteilte, also kollektive Gefühle. Oder? Noch im

Golfkrieg waren sie ja funktionstüchtig. Leicht wurden sie gegen den uns vertrauten Aggressor USA aufgebracht – und zugleich tief verwirrt, denn da gab es ja noch einen Aggressor: Konnte man ihn, Saddam Hussein, ohne Gegengewalt, ohne Krieg also gewähren lassen?

Wir halfen uns aus der Klemme mit einer Rationalkonstruktion, die etwas von unserer Aggressivität auffing: Boykott, also friedliche Pression (gibt es so etwas?), und Verhandlungen sollten den Frieden erhalten und zugleich unsere verletzten Gefühle für Recht und Unrecht besänftigen.

Genauso handeln die Vereinten Nationen jetzt im ehemaligen Jugoslawien – und ernten dafür nichts als Hohn und Verachtung. Alle Hoffnungen sind verflogen. Die zivilisatorische Leistung der UN-Unterhändler und Blauhelme, inmitten von Gewalttätigkeiten nicht selber gewaltsam zu werden, zwischen den Fronten immer wieder zu verhandeln, einzuspringen, Demütigungen hinzunehmen, wird von unseren kollektiven Gefühlen kaum honoriert.

Warum nicht? Einerseits verlangen wir direkten und vollen Frieden als Erfolgsausweis, getreu unserer Ideologie, daß Frieden machbar, Krieg vermeidbar sei. Andererseits aber grollen wir den UN, weil sie uns um unseren Krieg bringen. Unsere kollektiven Gefühle, vom zivilisatorischen Normensystem überdeckt und in Schach gehalten, verlangen nicht nur nach Frieden, sondern auch nach Gerechtigkeit, nach Vergeltung von Gewalt durch Gewalt, ja nach Bestrafung des Aggressors. Daß die Serben statt dessen für ihre Aggression mit Gebietsgewinnen »noch belohnt« werden sollen, erfüllt uns mit Erbitterung. Sie ist Ausdruck verletzter kollektiver Gefühle.

Sind es *hehre* Gefühle: für Humanität, Menschenrechte, Selbstbestimmungsrecht der Völker? Vielleicht auch das. Mehr aber scheinen sie von der Angst durchdrungen, einer Gewalt freien Lauf zu lassen, die wir in der friedlichen Bundesrepublik erfolgreich verdrängen konnten, die aber gleichwohl da ist und ständig nach Beherrschung verlangt. Von Kuwait über Sarajevo bis Rostock und Solingen: Die Gewalt, die uns immer näher gerückt ist, hat unsere eigene Gewaltbereitschaft, als Schutzreaktion, ein Stück weit aus der Latenz geholt. Wir haben, ob es uns gefällt oder nicht, etwas gelernt. Oder sollte ich sagen: Verdrängtes ist freigelegt worden? Sollte unsere gepflegte Friedfertigkeit nichts anderes gewesen sein als Abwesenheit von Gefahr – oder Anwesenheit von Schutzmächten, die uns ein paar Jahrzehnte lang die Verantwortung abgenommen hatten, uns gegen Gewalt von außen und innen selbst zu wehren?

Wie auch immer, eine Lehre aus dem Balkankrieg ist unabweisbar: Wo Gewaltmonopole in Frage gestellt werden und zerbrechen, tritt Gewalt in ihrer ursprünglichen, anarchischen Form wieder in Erscheinung. Um ihrer Grausamkeit, Unberechenbarkeit, Unordnung und Unsicherheit zu wehren, rufen wir nach einer neuen Ordnungsmacht: den Vereinten Nationen.

Nur leider: Das Problem der Anerkennung und Sicherung der neuen Staaten, um das es in den Sezessionskriegen geht, können sie nicht lösen. Sie sind bestenfalls auf Konflikte zwischen Staaten, nicht auf deren Neubildung im Konflikt eingerichtet. Und für eine Weltinnenpolitik fehlt ihnen das Gewaltmonopol. So reichen sie, normalerweise, das Problem weiter an den mächtigsten Konzernherrn im Gewaltoligopol: die Vereinigten Staaten. Der gibt es, anders als noch im Golfkonflikt, an die Nato und die Europäer weiter. Diese können sich auf Gewaltanwendung, Eintritt in den Krieg, nicht einigen. Und so bleibt das Problem, der Krieg, sich selbst überlassen.

Dem Golfkrieg verdankten wir einen Hoffnungsschimmer, eine Ahnung von den harten und unschönen Bedingungen, unter denen Aggression in der Weltgesellschaft eingedämmt werden kann: Es sind dies drei Bedingungen:

– eine Gewalt androhende und gewaltbereite Führungsmacht,

– die aus den jeweiligen streitenden Parteien eine zum Sündenbock macht, gegen den sich die Gewaltandrohung richtet (bei zwei »Schuldigen« weiß man nicht, gegen wen man kämpfen soll),

– und die, drittens, ein großes Bündnis gegen den Störenfried zustande bringt.

Der Balkankrieg hat uns die ernüchternde Einsicht gebracht, daß diese Bedingungen nur selten gegeben sind – heute, in Europa, jedenfalls nicht.

Welche Folgen hat dies für die Konstitution kollektiver Identitäten, solcher Wirgefühle, die sich auf Volk, Staat, Nation beziehen? Sie sind historisch nicht ein für allemal festgelegt und im Prinzip offen, vielfältig und beweglich, und von daher ist das Wunschbild nicht abwegig, sie möchten sich von den nationalen in europäische oder gar weltbürgerliche Wirgefühle verwandeln. Aber: Nirgendwo finden sie den Halt, den Willen zur

Macht und zur Einigung, den sie brauchen und suchen – es sei denn in den Nationalstaaten. Zu ihnen
wenden sie sich folglich, nach einer enttäuschenden
Tour d'horizon, wieder zurück.

Mit welchen Gefühlen haben wir 1991/92 die Los-
lösung Sloweniens, Kroatiens, später Bosnien-Herze-
gowinas aus dem jugoslawischen Staat verfolgt? Unser
Herz schlug für die neuen kleinen Staaten. In der Sen-
sation der Separation ist es auf seiten des Neuen gegen
das Alte, der Kleinen gegen die Großen, der Freiheit gegen die Zwänge, des Volkes gegen die Herren. Gegen
zwei Herrschaften in einem, die kommunistische und
die serbische, sahen wir die Slowenen, Kroaten, Muslime aufstehen; als Demos – gegen »die da oben« – und
zugleich als Ethnos – gegen »die anderen«, Fremden –
rührte sich das Volk, erhoben sich die Völker. Erhe-
bende Gefühle, auch für uns, aus der Ferne gesehen.

Zugleich aber auch: gemischte Gefühle. In einer Welt,
in der wir mehr und mehr auf das Individuum setzen,
das sich aus allen kollektiven, insbesondere völkischen
Zwängen befreien soll, muß uns das Denken und Fühlen in Volkzusammenhängen irritieren. In dieser Eth-
nisierung sozialer Beziehungen befürchten wir einen
historischen Rückfall, einen Rückschritt zum völkischen Nationalismus. Dagegen können wir uns allerdings mit dem Gedanken beruhigen, daß die Nachfolgestaaten von ihrer Idee und ihrem offiziellen Selbstverständnis her genauso multikulturell sind, wie es das alte
Jugoslawien war. Der Unterschied ist nur der: In Jugoslawien waren die Serben in der Mehrheit, in Slowenien,
Kroatien und Bosnien gerieten sie jeweils in die Minderheit. Dies wollen sie mit allen Mitteln verhindern. Der

Grund des jugoslawischen Krieges ist die Unwilligkeit einer ethnischen Mehrheit, durch neu gezogene Grenzen in die Lage von Minderheiten zu geraten.

Diesen Kriegsgrund – wir fassen ihn nicht. War nicht Sarajewo eine Stadt des friedlichen Zusammenlebens, ein Muster multikultureller Koexistenz? Der Dichter Ivo Andrić allerdings beschreibt 1920 seine Stadt mit ihren verschiedenen Stundenrhythmen der Orthodoxen, der Katholiken, der Muslime, der Juden folgendermaßen: »So lebt auch während der Nacht der Unterschied fort, der diese Menschen trennt, und dieser Unterschied ist immer ähnlich dem Haß.« Es gibt wohl, auch in normalen Zeiten, latente Konflikte, eine verdeckte Ethnizität, von deren Brisanz sich diejenigen nichts träumen lassen, die wie wir selbst nie in der Lage einer ethnischen Minderheit waren oder hineinzugeraten drohten.

Ahnungslos, wie wir sind, erschien es uns selbstverständlich, die Fahne der Menschen- und Selbstbestimmungsrechte auch für die nach Selbständigkeit strebenden Staaten zu schwingen, deren inneren Spannungen im Krisenfall doch nur mit einem wirksamen Gewaltapparat beizukommen ist. Gewalt ist nicht unsere Sache. Immerhin, das deutsche Drängen, die neuen Staaten völkerrechtlich anzuerkennen, enthielt zugleich eine Kriegsvermeidungstheorie in zwei Teilen: Erstens, die Serben werden es nicht wagen, völkerrechtlich anerkannte Staaten zu bekriegen. Zweitens, wenn doch, dann muß die Staatengemeinschaft zu ihrem Schutz eingreifen. Daß die Staaten, daß alle vernünftigen Menschen guten Willens darin im Grundsätzlichen übereinstimmen, setzten wir voraus.

Wie groß war unsere Überraschung – und Entrü-
stung –, als wir feststellten, daß andere Staaten die deutsche Meinung nicht teilten! Rußland hielt kraft ortho-
doxer Verbundenheit ohnehin zu den Serben. Und
unsere westlichen Verbündeten, Frankreich und England in erster Linie, wollten ebenfalls den jugoslawischen Staat als Ganzes erhalten. Der Universalismus
der Menschen- und Selbstbestimmungsrechte, so stellten wir beleidigt fest, stand selbst bei den hochzivilisier-
ten Staaten des Westens niedriger im Kurs als der Status
quo, also der Partikularismus des nun einmal bestehenden Nationalstaatensystems! Daß die Westmächte mit
ihrer Vorliebe für bestehende Grenzen völkerrechtlich
und politisch durchaus konsequent waren – mit diesem
Argument waren sie ja in den Golfkrieg gezogen –, fiel
uns kaum auf. Die deutsche Präferenz für universale
Ordnungsprinzipien, auch wenn sie konkret Unordnung stiften, ist uns so selbstverständlich, daß sie keiner
weiteren Begründung bedarf. Sie hat ja die philosophi-
sche Letztbegründung – auch eine deutsche Speziali-
tät – auf ihrer Seite!

Zu Beginn der Balkankrise, 1991, sagte mir ein fran-
zösischer Kollege mit diplomatischem Lächeln, daß es
nun ja zu einer Neuauflage des deutsch-kroatischen
Bündnisses aus der Hitlerzeit käme, während andererseits Briten und Franzosen an die alte Waffenbrüderschaft mit den Serben gemahnt würden. Ich war ver-
blüfft und empört.

Erstens war mir der Hinweis auf die Tatsache selbst,
daß die verschiedenen Staaten der Europäischen Union
eine unterschiedliche, ja gegensätzliche Balkanpolitik
betrieben, neu und ungewohnt. Bisher hatte es ja eine

halbwegs einheitliche Nato-Politik gegenüber dem
Ostblock gegeben.

Zweitens erschien es mir abwegig und beunruhigend,
daß die Außenpolitik der europäischen Bündnispartner
sich nun wieder an nationalen Machtinteressen statt an
gemeinsam geteilten übergeordneten Prinzipien orien-
tieren würde. Sollte es für die Grande nation und das
britische Empire so sein, um so schlimmer. Für die Bundesrepublik, da war ich mir sicher, traf das nicht zu. Sie
hatte allem nationalen Ehrgeiz abgeschworen und for-
derte damals die völkerrechtliche Anerkennung Sloweniens und Kroatiens nicht zur Vergrößerung ihrer
Einflußzone, sondern im Namen des Selbstbestim-
mungsrechts der Völker, also aufgrund eines allgemei-
nen Wertprinzips. Selten war mir eine politische Entscheidung so eindeutig durch Prinzipien und nicht
durch Interessen legitimiert erschienen; selten so sehr
von allen Parteien getragen. Darüber klärte ich meinen
französischen Gesprächspartner auf. Er lächelte.

Drittens hielt ich es für abstrus, gegenwärtige Entscheidungen auf Bündnisse zurückzuführen, die es seit
einem halben Jahrhundert nicht mehr gab und die mir
wie den meisten Deutschen unbekannt waren. Vom
Pakt zwischen Ustascha-Kroaten und Nazideutschen
glaubte ich zum ersten Mal zu hören – aus französi-
schem Mund. Deutsche Unwissenheit führte ich gegenüber dem Kollegen aus Paris als Argument an: Wie kann
Politik, so hielt ich ihm entgegen, eine Kontinuität der
Verbundenheiten herstellen, die sie gar nicht mehr
kennt oder kennen will?

Die Frage, zuerst rhetorisch gemeint, beschäftigt
mich seither. Von Sigmund Freud ist uns die Denkfigur

vertraut, daß das Verdrängte fortdauert und uns unter
Wiederholungszwänge setzt. Aber wie geschieht das
tatsächlich, in sozialen Prozessen? Meine vorläufige
Antwort, am Beispiel entwickelt, weist auf sechs Me-
chanismen hin.

Erstens, *die Rolle des leidenden Dritten.* In bezug auf
frühere Affinitäten oder Identitäten von zwei Völkern
oder Parteien gibt es immer Dritte, die unter der Verbundenheit der ersteren gelitten haben. Im kollektiven
Gedächtnis der Leidtragenden bleibt haften, was die
ehemals gemeinsam Handelnden vergessen wollen.
Nicht von ungefähr wissen Serben und Franzosen besser über eine deutsch-kroatische Geschichte Bescheid
als wir selbst.

Zweitens, *der Anspruch neuer Verbundenheit.* Er
registriert feinfühlig, welche älteren Verbundenheiten
ihm konkurrierend entgegenstehen könnten. In der Europäischen Union führt gerade die Erwartung einheitlichen Handelns dazu, daß die Mitglieder einander arg-
wöhnisch in bezug auf ältere und eventuell störende
Loyalitäten zu Nichtmitgliedern beobachten.

Drittens, *die Bündnisfalle.* In neuen Konflikten, wie
sie sich in Gemeinschaftsbildungen selbstverständlich
einstellen, suchen die Beteiligten Verbündete und Unterstützung, wo sie sie finden können: am ehesten in alten Zugehörigkeiten und Bündnissen. Denn Verbundenheitsgefühle sind konservativ. Es ist praktisch,
Anknüpfungspunkte, Vorgaben, Ähnlichkeiten zu haben, auf die man sich verlassen kann.

Viertens, *die Vorspiegelungen einer universalen Moral.* Alte Zugehörigkeiten brauchen sich selten als
Handlungsgrund zu erkennen zu geben, weil es fast im-

mer allgemeinere, affektiv scheinbar neutrale Hand-
lungsgründe gibt, die sich als universale Prinzipien desto leichter vorschieben lassen, je mehr sie ohnehin
unserem Selbstverständnis schmeicheln.

Fünftens, *die Offenlegung*. Daß unter offiziellen
Handlungsprinzipien uneingestandene Wirgefühle ihr
Wesen treiben, wird oft erst von Dritten aufgedeckt. Im
Balkankrieg sind es Franzosen und Engländer, die uns
historisch abgesunkene Verbundenheiten vor Augen
halten, deren Existenz uns unbekannt war oder un-
wichtig erschien.

Sechstens, *die Retourkutsche*. Sie erfolgt postwen-
dend: Die in ihren tieferen Wurzeln bloßgelegte und
dadurch gekränkte, sich mißverstanden fühlende deutsche Kollektividentität, zu der ja alle verdrängten Bindungen der Vergangenheit gehören, schlägt zurück;
besonders England wird der menschenverachtenden
nationalistischen Machtpolitik auf dem Balkan gezie-
hen. So konstituiert sich deutscher Nationalismus
nach dem Pharisäerprinzip, in Nationalismusvorwür-
fen an die anderen und fortgesetzter Selbstverleug-
nung. Das Offenlegen des Verdrängten *beim anderen*
heißt also nicht, daß der Prozeß der Verdrängung im
eigenen Haus aufhört. Die unerwünschten Teile der eigenen Identität werden sofort wieder in die Latenz ge-
schickt.

Bedeutet die gegenseitige Entdeckung von nationalen Besonderheiten und historischen Hypotheken
einen Rückschlag für europäische Wirgefühle? Ja und
nein. Die wechselseitigen Nationalismusvorhaltungen
und Enttäuschungen werden ja doch, anders als früher,
von der Erwartung genährt, im europäischen Geist das

Trennende zu überwinden und eine gemeinsame Linie
zu finden. So furchtbar die Leiden und Schäden des Bal-
kankrieges für die Betroffenen sind: Daß Europa, wie
man heute überall hören kann, am Balkankrieg Schaden
nähme, ist nicht ausgemacht. Die Europäische Union
hat sich gestritten, aber auch wieder geeinigt: die neuen
Staaten anzuerkennen, zu vermitteln, aber nicht militärisch oder durch Waffenlieferungen einzugreifen. Sie
hat auch, indem sie die bosnischen Muslime im Stich
ließ, ohne es zu wollen, die Identitätsgrenze zwischen
Europa und der islamischen Welt vertieft – ein ebenso
unguter wie wichtiger Faktor für eine europäische
Identität.

Gleichzeitig ist die außenpolitische Schwäche der
Europäischen Union manifest geworden: Einen Krieg
beenden oder verhindern kann sie nicht, nicht einmal
auf europäischem Territorium. Von einem wirklichen,
durchsetzungswilligen Gewaltmonopol ist sie weit entfernt. Aber auch diese Einsicht kann lehrreich sein: Die
Neuentdeckung der Nationalismen in Europa ist vielleicht der nächste Schritt zur europäischen Einigung.
Offener, offengelegter Nationalismus ist heute, *nach* allen Erfahrungen, die man in Europa mit ihm hat, ein
Problem, das seine Lösung schon mitliefert. Weniger
harmlos in seinen Folgen ist möglicherweise ein sich
selbst verleugnender Nationalismus, der sich im inner-
deutschen Streit zwischen Interventionisten und Isolationisten herausbildet. Ob man den Krieg durch Kriegführen beenden oder ihn sich selbst überlassen,
ausbluten lassen will: Beide Spielarten deutscher Balkanpolitik verstehen sich als uneigennützig, nichtnatio-
nalistisch, und beide bringen sie, für sich selbst genom-

men und im Konflikt miteinander, eine nationalistische
Stimmungslage hervor: perverse Effekte.

Die offizielle Politik des bloß *schlichtenden Eingreifens* – Blockade gegen Serbien, Waffenembargo gegen
alle kriegführenden Parteien, Friedenstruppen und
Verhandlungen zwischen den Fronten – erscheint am
wenigsten nationalistisch geprägt: Sie wird von EU und
UN gemeinsam getragen und nimmt nicht Partei für
einen serbischen, kroatischen oder bosnischen Nationalismus. In ihrer Macht- und Erfolglosigkeit läuft sie
aber darauf hinaus, die Neuordnung der Balkanstaaten
unter ethnisch-nationalistischen Vorzeichen zu fördern
und beleidigt ihre eigenen antinationalistischen Gefühlsgrundlagen, besonders in Deutschland.

Diese antinationalistische Gefühlsströmung, die
auch von Machtstreben nichts wissen will, aber doch
die den Deutschen im zerfallenden internationalen
Blocksystem ungewollt zugewachsene Macht spürt,
verwandelt sich unversehens in eine nationalistische
und bewegt sich so – in der Realität der Gefühle, nicht
der Taten – vom schlichtenden zum *schlagenden Eingreifen*. Wegbereitend dafür ist die Denk- und Gefühlsfigur der »Verantwortung«.

Verantwortung kommt in Deutschland nicht nur aus
ungeliebter Macht, sondern auch aus ungeliebter Vergangenheit. Haben wir nicht eine besondere Verantwortung als Deutsche, so fragt sich meine Generation
der deutschen Antinationalisten, jeder nationalistischen Aggression entgegenzutreten – und es dabei besser zu machen als die Westmächte damals gegenüber
Hitler? Wehret den Anfängen. Dieser antinationalistische Affekt formt sich nun selbst zu einem nationalisti-

schen aus: gegen diejenigen Verbündeten, die ihn nicht
mitvollziehen. Und so stehen wir, deutsche Antinationalisten, plötzlich den Westmächten und ihrer
Beschwichtigungspolitik wieder ähnlich kritisch, mit
einem Hauch Verachtung sogar, auf alle Fälle aber nationalistisch gegenüber – wie unsere Eltern und Groß-
eltern, ob sie Nazis waren oder Widerstandskämpfer.
Die Gefühlslage zum Golfkrieg: kämpferische Engländer und Franzosen dort, zaghaft friedfertige Deutsche
hier, hat sich binnen zwei Jahren umgekehrt. Ihr altes
Nationalklischee scheint den Deutschen wieder zu passen: undiplomatisch, ungeduldig, militärische Lösungen den mühsamen diplomatischen Verhandlungen
vorziehend. Gestern noch, anläßlich des Golfkrieges,
konnte man den Deutschen attestieren, sie hätten aus
den großen Weltkriegen und einem halben Jahrhundert
friedlicher Entwicklung der Bundesrepublik, zu Recht
oder zu Unrecht, die Lehre der Friedfertigkeit gezogen.
Und heute? Lernen wir erneut, und noch schneller um?
Oder haben wir gar nicht so viel gelernt, wie wir zu lernen meinten? Kommen, unter der Oberfläche eines
Wertwandels, den wir durchaus als wirklich und fort-
schrittlich erlebten, tieferliegende nationalkulturelle
Prägekräfte zum Vorschein, die sich so leicht nicht ab-
erziehen lassen, wie es der Fortschrittsmythos will?

Sei dem, wie es sei. Die kollektiven Gefühle, die sich
heute zugunsten eines schlagenden Interventionismus
regen, haben eine nationale Basis und supranationale
Intentionen. Sie sind moralischer und pragmatischer
Art. Supranational und moralisch sind sie insofern, als
sie auf die »eine Welt« hinzielen, die es, von einem eu-
ropäisch-atlantischen Zentrum aus, zu befrieden gelte.

Weltpolitik wird als Weltinnenpolitik empfunden. Pragmatisch sind sie insofern, als sie das Credo friedlicher Friedensstiftung unterlaufen und Gewalt mit Gewalt eindämmen wollen.

Dies ruft nun allerdings heftigste Gegengefühle hervor. Die Vorstellung, in einen leidvollen Krieg zu ziehen oder hineingezogen zu werden, weckt Ängste und Abwehr. Gäbe es ein deutsches Wirgefühl noch nicht – sie würden es neu erschaffen. Es rationalisiert und artikuliert sich in einem *prinzipiellen Isolationismus.* Seine Formeln lauten: »Wir sollten aus dem Krieg gelernt haben, daß nie wieder deutsche Soldaten irgendwo einmarschieren«; »Deutsche wieder in einem Krieg auf dem Balkan – das ist, nach den Verbrechen der Nationalsozialisten, einfach undenkbar«; »Das Grundgesetz verbietet den Einsatz deutscher Soldaten außerhalb des Nato-Territoriums«; »Es gibt genug Gewalt und Ungerechtigkeit im eigenen Land zu bekämpfen«; »Man kann Völkern ihre Staatsform und Grenzen nicht von außen auferlegen und garantieren«.

Nicht nur aus »zeitlosen« Lehrsätzen bezieht der Isolationismus in Deutschland seine Prinzipien, sondern aus der deutschen Vergangenheit. Er beruft sich auf Geschichte statt auf Gegenwart, auf Moral statt auf Interessen. Aus einer historischen deutschen Sonderrolle im Negativen leitet er die Verpflichtung zu einer Sonderrolle ab, die in die Zukunft weisen und universalisierbar sein soll: Wenn alle sich so verhalten werden, wie sich die Deutschen jetzt verhalten sollen, wird es, so glaubt man, keine Kriege mehr geben. Am neugewonnenen deutschen Wesen wird die Welt genesen. Das Grundgefühl allen nationalistischen Denkens: daß die eigene Staatskultur von anderen nicht nur historisch unterschieden, sondern auch besser und entwicklungs- fähiger, also vorzuziehen sei, prägt sich ironischerweise in einem modernen moralischen, »linken« Isolationis- mus aus, der das Nationale, um es zu überwinden, im- mer wieder aufrufen zu müssen glaubt – und ihm damit eher in die Hände spielt.

Daneben gibt es einen *pragmatisch* zu nennenden *Isolationismus*. Er ist nicht typisch deutsch, sondern wird von anderen Wohlstandsgesellschaften genauso erlebt. Seine Sprachformeln sind: »Wir lassen unsere Jungs nicht auf dem Balkan verheizen«; »Man darf sich nicht auf militärische Abenteuer einlassen, deren Ziele und Erfolgschancen nicht genau bestimmt sind«; »Wir können uns nicht für alles Elend verantwortlich halten und Weltpolizei spielen«.

Die Grenzen zwischen »uns« und »ihnen«, die in solchen Äußerungen beschworen werden – was sind sie anderes als nationale Grenzen? Oder verspüren wir, in diesen Formeln sprechend, ein »europäisches Wir«? Schon möglich. In diesem Falle ziehen »wir« die Gren- zen Europas allerdings irgendwo südlich von Öster- reich: Der Rest Europas wird als nicht mehr dazuge- hörig, als etwas anderes erlebt. Sollte der Balkankrieg diese Art von Europagefühlen befördern, dann schließt er das orthodoxe Serbien und das muslimische Bosnien aus. Auch ein Europa-Nationalismus ist Nationalis- mus in dem Sinne, daß er Grenzen kollektiver Verant- wortlichkeit zieht und deutliche Präferenzen zwischen eigenem und fremdem kollektiven Wohlergehen aus- drückt. Ob wir eher ein nationalstaatliches oder ein na- tionaleuropäisches Wir empfinden: In jedem Fall ist es

ein Wir, das andere ausschließt. Je mehr Krieg, Unordnung und Unwohlsein sich andernorts ausbreiten, desto mehr müssen wir in unseren kollektiven Gefühlen
die Trennlinie zwischen »uns« und »ihnen« vertiefen,
weil anders wir es nicht rechtfertigen könnten, uns aus
ihren Gewalttätigkeiten herauszuhalten und unser eigenes Wohlsein zu bewahren.

Ebenso wie die prinzipiellen Isolationisten setzen die
pragmatischen ein nationalstaatliches oder national-
europäisches Wirgefühl voraus und bestärken es. Allerdings begründen die Pragmatiker ihre außenpolitischen
Entscheidungen nicht in (schuldhafter oder stolzer)
kollektiver Identität, sondern in kollektiven Interessen,
die fortwährend neu zu definieren sind. Pragmatischer
Isolationismus ist demnach flexibel, revidierbar, reak-
tionsfähig. Einem pragmatischen Interventionismus
reicht er die Hand. In den Zweckmäßigkeits- und Er-
folgserwägungen aller politischen Parteien findet er
sich ebenso wie in den Kriegskriterien des früheren
amerikanischen Generalstabschefs Powell, denen zufolge die USA am Golf interveniert haben und in Bosnien nicht.

Meine Überlegungen lassen sich wie folgt zusam-
menfassen: Ob wir, die wir das Glück haben, in einem
Staat der Europäischen Union und der Nato zu leben,
angesichts des Kriegs auf dem Balkan eher zu einer in-
terventionistischen oder zu einer isolationistischen
Politik neigen, ob wir die jeweilige Entscheidung eher
mit ethischen Prinzipien oder interessenpolitisch begründen: In den Tiefenströmungen kollektiver Gefühle
mit all ihren Widersprüchen und Wirbeln unterscheiden wir uns wenig voneinander. Die notdürftig zusam-

mengezimmerte einheitliche Balkanpolitik der europäischen Partnerstaaten hat untergründig eher Gefühle
für nationale Besonderheiten und Rivalitäten als ein europäisches Wirgefühl genährt. Aber das, was wir in Anbetracht des fortdauernden Kriegs als Schwäche, ja
Scheitern Europas empfinden, erzeugt doch auch Gegenströmungen: Gefühle für die Notwendigkeit gemeinsamen Handelns und gemeinsamen Schutzes angesichts der Aufgewühltheiten und Unsicherheiten im
Osten und Süden des Kontinents. Europa ist im Augenblick unfähig, seine Identität und seine Grenzen in dieser Richtung zu bestimmen. Um so mehr verlangen ihm
Krieg und Kriegsdrohungen die – vergleichsweise einfache – Aufgabe ab, im Westen gemeinsame Interessen
zu formulieren und handlungsfähige Institutionen aufzubauen.

Eine gute, eine Friedensordnung ist nicht so sehr
durch Gefühle, sondern durch Institutionen zu gewährleisten. Aber der Druck, der solche Institutionen
schafft, sie zum Handeln bewegt, ihnen Rückhalt gibt
oder entzieht, kommt aus der Bewegung kollektiver
Gefühle. Ihre Vielfältigkeit und Lerngeschichte zwischen Eigenlogik und Manipulation nachzuzeichnen,
ohne sie auf das eine oder andere zu reduzieren, ist eine
Aufgabe, die auf die Soziologie noch wartet.

Grenzen des Lernens

Angesichts der Grausamkeiten, Vertreibungen, Vergewaltigungen, die der Krieg auf dem Balkan auch den aus der Ferne Zuschauenden vor Augen geführt hat, nehmen sich die jüngsten Bilder von Blauhelmsoldaten, die gefangengenommen und an strategisch wichtigen Punkten angekettet, aber individuell nicht versehrt oder bedroht werden, eher harmlos aus: Warum empören wir uns trotzdem so sehr darüber, vielleicht mehr als über das bisherige Kriegsgeschehen? Weil die jungen Männer symbolisch nicht nur für die Idee der uneigennützigen Schlichtung, sondern auch für die einer friedensstiftenden Weltgemeinschaft stehen und für sie gedemütigt werden.

Daß die Empörung darüber die westlichen Großmächte in den Krieg zieht, ist unwahrscheinlich, trotz aller Drohgebärden; eine Kriegsbereitschaft besteht nicht, zum Glück. Daß die verhöhnte UNO und die Nato an Achtung verlieren werden zugunsten einer Rückwendung in nationalstaatliche Orientierungsrahmen, ist möglich. Denkbar ist aber auch, daß Demütigungen wie die gerade erlebten, paradoxerweise und in kleinsten Schritten, eine erst schwach entwickelte Weltgemeinschaftlichkeit befördern. Denn heterogene soziale Gebilde wachsen weniger kraft abstrakten moralischen Arguments zusammen als aufgrund gemeinsamer Vorteile, Notlagen oder Gegner. Und so wie Notlagen – Epidemien, Umweltverwüstungen, atomarer Fallout –

menschengemacht sind, so auch Feinde. Auf außerirdi-
sche kann die Weltgesellschaft nicht warten. Sie schafft
sich ihre eigenen Sündenböcke. Deren Verletzung moralischer Gefühle treibt über kollektive Empörung ge-
meinschaftliche Normen hervor und schärft sie.

In der Welt ist, nach dem Ende des Apartheidregimes
und der gewaltsamen Einhegung der Potentaten Gaddafi und Hussein, der Platz des Prügelknaben frei.
Gäbe es die bosnischen Serben nicht, man müßte sie,
zynisch gesprochen, erfinden. Sie spielen, ohne es zu
wissen und wollen, ihre Rolle in einem Lernprozeß.
Denn kollektives Lernen ist ein widersprüchlicher, oft
bitterer und unbewußter Vorgang.

Lernen heißt: aufgrund von Erfahrungen das eigene
Verhalten ändern, um zu überleben oder besser zu leben. Über den Wert des Lernens besteht kein Zweifel.
Deshalb glauben wir, daß auch Ziele und Methoden des
Lernens gut und von den Individuen, uns selbst, zu
bestimmen seien. Wir glauben zu wissen, *was* gelernt
werden soll, der Frieden; *wie* zu lernen sei, nämlich
ebenfalls friedlich, durch positive Anreize und Verhandlungen; und *wer* lernt, nämlich einzelne Menschen, Individuen. Leider trifft diese Vorstellung vom
guten Lernen die Wirklichkeit allenfalls zur Hälfte.
Denn die Ziele des Lernens liegen gar nicht eindeutig
fest, zu den Methoden gehören auch Scheitern, Bestrafung und Gewalt, und Lernende haben nicht nur eine
individuelle, sondern auch eine kollektive Existenz.
Wir lernen, was unsere Ziele, Mittel und Möglichkeiten
sind, mit anderen und gegen andere. Mögen wir uns
noch so fest vorgenommen haben, nur auf der Seite des
guten Lernens zu bleiben, so müssen wir doch auch,

gezwungenermaßen, lernen, daß dieses seine Grenzen hat. Menschen haben manchmal nur die Wahl, entweder mit dem Lernen aufzuhören, das heißt unterzugehen, oder auf ein böses Lernen, ein Lernen im Krieg umzuschalten. Auf dem Balkan heute lassen sich Grenzen des friedlichen Lernens studieren – und auch Grenzen des Lernens im Krieg.

Lernziel Frieden. Wie man den laufenden Krieg anhalten könnte, wie man ihn hätte vermeiden können, wie man Kriege überhaupt verhindern kann – das ist es, was wir wissen möchten. Die Antwort, auf alle drei Fragen zugleich, ist denkbar einfach. Durch Nachgeben, Sichergeben, Aufgeben kann man jeden Krieg, in jeder Phase, beenden oder gar nicht erst entstehen lassen. Nicht mehr ist nötig, als daß der Angegriffene zu kämpfen aufhört oder gar nicht erst damit anfängt. Der Krieg beruht ja nicht nur auf einem Konflikt, sondern auch auf einem Konsens zwischen zwei Kollektiven. Mögen sie noch so zerstritten sein, in einem Punkt sind sie sich einig: mit organisierter physischer Gewalt gegeneinander zu kämpfen. Fehlt die Kampfbereitschaft auf einer Seite, gibt es keinen Krieg, sondern höchstens einen Überfall. Der Krieg beginnt, wie schon Clausewitz erkannte, mit der Verteidigung. Hören die bosnischen Muslime heute auf, sich zu verteidigen, dann ist der Krieg morgen zu Ende.

Warum wird diese einfache Lehre, auf der auch der Pazifismus beruht, von den Muslimen nicht beherzigt; und warum hört man auch hier, aus Deutschland, Frankreich, England, aus dem Zuschauerraum des Krieges keine deutliche Stimme, die ihnen dies von Anfang an nahegelegt hätte?

Der Grund ist wiederum ein einfacher: Kriegsvermeidung durch Unterwerfung widerspricht zutiefst
unserem Gefühl für Gerechtigkeit und für das Recht
der Selbstbehauptung. Ziel und Wert des Friedens stehen im Widerspruch zu Ziel und Wert des Selbstbe-
hauptungsrechts. Zwar können wir in eigener Sache auf
dieses Recht verzichten. Wir können den Verzicht aber
nicht anderen ansinnen oder ihnen das Recht nehmen.
Deswegen haben wir für die Bosnier keinen Rat. Wenn
ihnen ihr Grund und Boden, ihre Unabhängigkeit
wichtiger sind als der Frieden; wenn sie ihr kollektives
Lebensrecht höher schätzen als ihr individuelles Leben,
dann müssen sie Krieg führen. Der Angegriffene ent-
scheidet über den Krieg. In einem Konflikt, den er mit
sich selbst ausmachen muß: zwischen dem Wert des
Friedens und anderen Werten wie dem der Selbstbehauptung. Kann man die richtige Entscheidung lernen?
Ich wüßte nicht wie. Auch frühere Erfahrungen nützen
kaum – denn die Umstände sind immer wieder andere.
Wo im existentiellen Konflikt das Lernziel Selbstbehauptung dem Lernziel Frieden vorgezogen wird, hört
das friedliche Lernen auf.

Aber, wird man entgegnen, so weit darf es doch gar
nicht kommen. Man muß den Krieg eine Stufe früher
verhindern, nicht die Verteidigung unterbinden, sondern den Angriff. Dazu bedarf es der Verhandlungen.

Lernmittel Verhandlung. Zwei Annahmen sprechen
dafür, daß man einem Gewaltausbruch durch Verhandlungen zuvorkommen und friedlich zu einem Konflikt-
ausgleich gelangen kann. Es sind dies die Annahme der
Reziprozität – gebe ich nach, dann wird auch der andere
nachgeben! – und der Rationalität – ich gebe etwas

nach, um nicht alles zu verlieren! In einer Unzahl von Fällen, wir wissen gar nicht, wie oft, haben diese Prinzipien des Handelns tatsächlich Krieg verhindern können. Die Südtiroler haben, nach einigen gesprengten Hochspannungsmasten, innerhalb Italiens relative Autonomie ausgehandelt; die baltischen Staaten, die Ukraine und Weißrußland konnten sich friedlich aus der Sowjetunion lösen; die Slowakei und Tschechien haben sich mittels Verhandlungen ohne viel Aufhebens getrennt; in Südafrika hat die schwarze Mehrheit den weißen Herren die Macht abgehandelt, unter Unruhen zwar, aber ohne den großen Bürgerkrieg.

Trotzdem: Im individuellen wie im kollektiven Leben ist kein Verlaß darauf, daß Reziprozität und Rationalität alle Aggressionen vor dem Umschlag in Gewalt abfangen. Hitler, Hussein, Milošević: Wurde nicht genug, nicht nachgiebig genug mit ihnen verhandelt? Sogar dort, wo man gegenseitige Verhandlungs- und Kompromißbereitschaft vorfindet, kann diese im Streit aufgebraucht werden, ohne daß man immer einen einzelnen Aggressor als Schuldigen ausmachen könnte. Denken wir an unsere eigenen Ehekriege. Auch der Kampf ist ja ein reziproker Prozeß, in dem man sich gegenseitig Verletzungen zufügt und angst macht, bevor eine Seite offen gewalttätig wird. In Bosnien haben zuerst die Serben, so wie wir die Dinge heute sehen, geschossen und vertrieben – allerdings nachdem die Muslime sich mit einem bosnischen Staat von Jugoslawien losgesagt und damit die bosnischen Serben von einer Mehrheits- in eine Minderheitslage gebracht hatten. Für die Serben war bereits dies ein aggressiver Akt, eine Veränderung der Geschäftsgrundlage im historisch ge-

wachsenen Verhältnis zwischen den Volksgruppen; für
die Muslime beginnt die Aggression noch früher, in der
serbischen Vorherrschaft; die Serben denken wiederum
weiter zurück an die türkische Herrschaft … In solchen
Konflikten über kollektive Identität – also Auseinandersetzungen über Zusammengehörigkeit und Selbständigkeit – stoßen auch Schlichter an die Grenzen
ihrer Möglichkeiten. Ungezählte Vermittlungsversuche
der UNO, der Europäischen Union und der Sowjetunion legen die ernüchternde Lehre nahe: Schlich-
tungstruppen, die nicht kämpfen dürfen, werden zum
Spielball der Kämpfenden: Die Serben nutzen die
UNO-Soldaten, um ihre Gebietsgewinne zu sichern,
die Muslime, um Verluste wiedergutzumachen. Erst
eine Übermacht, die ihre Gewalt auch einsetzen will,
kann Aggression – vielleicht – eindämmen.

Wir stehen damit vor der Einsicht in ein bitteres Dilemma: Die Vermeidung des *Krieges* erfordert, daß der
Angegriffene auf Gewalt *verzichtet*, die Vermeidung
des *Angriffs*, der zum Kriege führt, daß er eine Übermacht von abschreckender Gewalt *mobilisieren* kann.
Leider ist aber auch die Annahme, daß eine übermäch-
tige Zentralgewalt jeder kriegerischen Aggression vor-
beugen könne, zu optimistisch. Sie unterstellt, daß die
Risiken des Gewalteinsatzes rational kalkuliert werden.
Es gibt jedoch auch Gewalt aus Verzweiflung, Selbst-
achtung und Todesverachtung: »Wir werden kämpfen
oder sterben«, sagte Präsident Izetbegović.

Lernsubjekt Individuum. Das »Wir« des bosnischen
Präsidenten ruft eine kollektive Identität auf, die uns in
hohem Maße befremdet. Im Zeichen des Individualismus hegen wir die Vorstellung, daß überkommene Wir-

gefühle zu verlernende seien. Lernten die Menschen
statt dessen, sich auf die Suche nach individuellem
Glück zu beschränken, gäbe es zwar auch noch privaten
Streit und gelegentlich Gewalt, aber der Ruf nach kollektiver Gewalt, also Krieg, würde verhallen. Individuell lernend könnten die Menschen ihre Interessen aus-
gleichen und ihre Identität finden, so wie sie ja im alten
Jugoslawien, in Sarajewo und Mostar, gelernt haben, als
Individuen friedlich miteinander umzugehen. Als Ge-
schäftspartner, Nachbarn, Schüler, Liebende konnten
sie sich darüber hinwegsetzen, ja vergessen, daß sie
auch Muslime oder katholische Kroaten oder orthodoxe Serben oder Juden waren – so wie wir im Alltag
der Bundesrepublik vergessen können, daß wir katho-
lisch, evangelisch, deutsch sind. In der Normalität des
Gewohnt-Friedlichen spielen kollektive Identitäten
keine Rolle. Sie werden nicht erfahren, zumindest nicht
bewußt erfahren, und insofern, ein Stück weit, verlernt.
Sollten wir dennoch darauf gestoßen werden – etwa
durch die Warnung der Eltern vor einer »Mischehe« –,
können wir sie durch individuelle Entscheidungen
durchkreuzen – und weiter auflockern.

So weit, so gut. Nur leider verleitet dieses Selbst-
bewußtsein von individueller Identitätsgestaltung und
individuellem Lernen zu einer doppelten Selbsttäu-
schung, nämlich zum Glauben, die nicht alltäglich er-
fahrenen traditionellen kollektiven Identitäten seien
gar nicht mehr vorhanden und man könne überhaupt
ohne sie auskommen. Dem ist entgegenzuhalten: Jede
Individualität, jedes individuelle Lernen in Frieden
setzt ein Einverständnis mit anderen voraus, und dieser
kollektive Rahmen muß letztlich durch eine gewaltbe-

reite Autorität garantiert sein. In Jugoslawien stellte der
Titoismus diese Autorität dar, in der alten Bundesrepublik und in der DDR die Präsenz der Siegermächte und
der unter ihrem Schutz geschaffenen Institutionen. Sie
erst ermöglichten alle individuellen Entfaltungsbestre-
bungen im Wirtschaftsleben, in Parteien, Vereinen,
Universitäten, Familien. Und sie hielten auch die alten
religiösen, landsmannschaftlichen, ideologischen Kol-
lektivkonflikte in Schach.

Was geschieht, wenn diese kollektiven Garanten individuellen Lernens erschüttert werden, lernen wir
heute, mit Blick auf Jugoslawien – und in gewissem
Maße auch in Deutschland: Die Individuen, die vom
Staatssozialismus nicht nur geschützt, sondern auch
unterdrückt wurden, suchen im Augenblick seiner
Schwächung nach anderen kollektiven Rahmen, von
denen sie sich eine stärkere Förderung ihrer Individualität erwarten. Slowenien, Kroatien, Bosnien als neue
Staaten sind solche Hoffnungsträger. Ihre Bewegung
zur Unabhängigkeit wird von den Beteiligten zuerst als
ein Vorgriff auf mehr Individualität verstanden – und
nicht als ein Rückgriff auf verstaubte Kollektividentitä-
ten. Auf der Suche nach neuen kollektiven Rahmen für
Individualität allerdings lernen die Betroffenen: Sie
müssen auf die alten, ethnokulturellen oder nationalen,
zurückgreifen. Hätten die Slowenen, Kroaten, Bosnier
und auch die DDR-Deutschen sich unmittelbar zu
Europäern erklären können? Wo ist das Gewaltmonopol ihres Europas, das ihnen Schutz gewähren kann und
will?

Die Tragik im jugoslawischen Fall liegt darin, daß der
Aufbruch in die Modernität, der nur über staatliche

Neuordnung, also Neubestimmung kollektiver Identität möglich ist, in einen gewaltsamen Konflikt unvereinbarer Identitätskonzepte geführt hat. Die Erbitterung des Kampfes mag, wegen der historischen und territorialen Verschachtelung der Volksgruppen, ein balkanischer Sonderfall sein; der Konflikt kollektiver Identitäten selbst ist es nicht. Er stellt auch nicht, wie man immer wieder hört, einen Rückfall in finstere Vergangenheit dar. Ganz im Gegenteil: Er ist der modernste und zukunftsträchtigste Konflikttypus, den man sich denken kann, die Resultante von Individualisierung und Liberalisierung in der Weltgesellschaft. Wo sich die Grenzen zwischen den Gesellschaften, die Gewaltmonopole in ihnen öffnen, wo die Individuen von Freizügigkeit und Selbstbestimmung Gebrauch machen, gewinnen die Grundfragen kollektiver Identität: wer gehört wohin, wer profitiert von wem? eine ungeahnte Brisanz. Es sind ja gerade die neuen Verflechtungen, Möglichkeiten und Freiheiten, die die Menschen herausfordern, auf diese Fragen neue, kontroverse, unvereinbare Antworten zu geben. Identitätskonflikte und Aggressionen nehmen zu.

Kriege müssen daraus nicht unbedingt entstehen. Aber Frieden wird anstrengender. In die Ungewißheit der Zukunft stoßen die Menschen lernend, über Versuche und Irrtümer vor. Sie versuchen das Lernziel Frieden zu erreichen – bis sie seinen Widerspruch zu humanitären und Gerechtigkeitsgefühlen nicht mehr ertragen zu können glauben. Sie gehen den Weg der Verhandlungen – bis sie des Scheiterns müde sind. Sie suchen ihr individuelles, privates Glück – bis es sich an ihrer kollektiven Lage bricht.

Hat sich die Lernwilligkeit der Streitenden im Frieden erschöpft, dann treten sie in den Krieg ein. Aber auch im Krieg wollen sie nicht lernen. Im Gegenteil, sie wollen lehren. Gegenseitig wollen sie sich ihre Kriegsziele lehren, ihre Gewalt- und Opferbereitschaft und die Macht ihrer Kollektivität. Im Ergebnis müssen sie dann doch lernen – wider Willen und leidvoll. Am meisten lernen immer die Unterlegenen, hier die Muslime. Was bleibt von ihren *Lehrzielen*?

Sofern sie mit der Gründung eines bosnischen Staates muslimische, also ethnische *Interessen* verfolgten, müssen sie diese mangels Macht zurückstecken. Sofern sie aber die *Wertvorstellung* eines modern-pluralistischen, liberalen Staates im Sinn hatten, müssen sie lernen, daß sie sich ebenfalls gegen den Widerstand machtvollen ethnischen Denkens nicht durchsetzen läßt – ja daß die Unterschätzung und Nichtanerkennung von ethnischen Interessen und Identitäten zu deren Aufwallung und Bestärkung führen kann. Doch schon werden auch die Grenzen dieser schubweise und gewaltsam »erlernten Ethnizität« sichtbar: Muslime ebenso wie Kroaten und Serben erfahren, daß sie in ihren Ethnoenklaven bedroht und unsicher, im Grunde nicht lebensfähig sind – und besinnen sich auf gemeinsame Interessen und die Notwendigkeit eines Ausgleichs, der sich zunächst zwischen Muslimen und Kroaten anbahnt.

Das *Lehrmittel* des Krieges, die Gewalt, verstärkt sich zunächst im Kampf selbst. Voller Entsetzen erfuhren die Menschen in Bosnien die Ausbrüche von Gewalt, ihre Brutalisierung und Marodisierung – zwischen Leuten, die vorher als Nachbarn anscheinend friedlich Seite an Seite gelebt hatten. Gewalt lernt man durch Gewalt – aber auch dem Lernprozeß der Verrohung sind Hindernisse und Grenzen gesetzt. Sie sind wohl nur zum Teil in den Schranken der Moral zu suchen; zum Teil in den Protesten und Eingriffsdrohungen von außen; zum Teil in der Organisation der Gewalt selbst, im Ausbau einer Militärmaschinerie, durch die sich der Krieg professionell ausdehnt und verhärtet, aber auch die ungezügelten Greueltaten und Vergewaltigungen einschränkt, die ihn zu Beginn kennzeichneten. Während die organisierte Gewalt noch herrscht, wird sie durch immer neue Verhandlungsanläufe doch auch eingehegt. Verhandlungen und Gewalt, so lehrt der Krieg in Bosnien, schließen sich nicht aus. Ein totaler Krieg ist dies nicht.

Die *Subjekte des Lernens*, die leidenden Menschen, lehrt der Krieg die Fragilität ihrer individuellen und die Unausweichlichkeit ihrer kollektiven Existenz. Das Pendel zwischen höchstpersönlichen Bewußtseinserfahrungen und solchen, die man mit anderen teilt, schlägt im Krieg zur Seite der letzteren aus. Muslime, Kroaten, Serben – ob sie ins Militär gezwungen werden oder sich durch Flucht entziehen können, ob sie sich schicksalhaft in die Geschehnisse hineingezogen fühlen oder begeistert in sie hineindrängen – lernen im Krieg, welcher Verbundenheit sie fähig, welchen gemeinsamen Zwängen sie ausgeliefert sind.

Ist das alles nur das Machwerk von machthungrigen Führern, der Herren Milošević, Karadžić, Izetbegović? Ach, wenn es so einfach wäre! Bei allem, was die Anführer anrichten, schlecht oder falsch machen mögen: Ein Großteil der leidenden Menschen scheint ihnen zu

folgen, sich mit ihnen zu identifizieren. Und wenn
nicht: Wer soll die Individuen zurück zum Frieden führen? Denn das Leid und die kollektiven Zwänge, die der
Krieg ihnen auferlegt, lassen die Sehnsucht der Menschen nach individueller Lebensgestaltung in Frieden
wachsen. Man will Beziehungen wieder nach eigenem
Gutdünken knüpfen, aus den ethnischen Rastern hinaus, in die einen der Krieg gepreßt hat. Schneller, als wir
es aus der Ferne für möglich gehalten haben – und während der Krieg an einigen Stellen andauert und aufflak-
kert –, gehen die Menschen wieder über die reparierten
Brücken, um Freunde und Verwandte zu besuchen, die
der Krieg zum Feind gemacht hat. Die selbstgewählten
und gewachsenen Gemeinschaften, die er auseinander-
getrieben hat, werden, individuell, wieder neu belebt.
Ganz anders, als es unser Vorurteil will, trennt das Leid,
das man einander zugefügt hat, nicht endgültig. Es verbindet auch. Hilfreich ist dabei, wenn man sich auf die
Schuld von Dritten einigen kann. Das Lernen kollektiver Feindschaft stößt an seine Grenzen. Die individuellen Bindungen und Moralitäten, die der Krieg erschüttert hat, verlangen ihr Recht zurück. Man wird des
Krieges müde.

Einesteils sind wir, seine Zuschauer, erleichtert. An-
dernteils aber: erbittert und böse. Die Lektionen dieses
Krieges: daß Gewalt sich lohnt, daß der Mächtige sich
durchsetzt und Unrecht schafft, daß die Idee der ethnischen Staatsbildung die des pluralistischen Vielvölker-
staates schlägt, wollen wir nicht lernen. Deshalb die
Versuche, den Krieg durch Aufhebung des Waffen-
embargos zu verlängern oder durch Eintritt der Nato
zu einem Nachfolgekrieg auszuweiten; deshalb auch

spontane Zustimmung, wenn westliche Bomber die Stellungen der Serben angriffen. »I am delighted«, kommentierte ein amerikanischer Kollege. Wie vielen, die sich für friedliebend halten, mag er aus dem Herzen gesprochen haben?

Aber Westmächte und UNO – »Wir« – treten eben doch nicht in den sterbenden Krieg ein. Wir haben ihn nicht beendet, aber auch nicht erneuert. Wir lassen die Betroffenen ihre Erfahrungen allein machen; so lernen sie aneinander, wie mächtig oder ohnmächtig ihre Interessen und Identitäten im Verhältnis zueinander sind. Auch über uns, die Individualisten aus dem Zentrum Europas, haben sie etwas gelernt: daß wir uns Kroaten und Muslimen stärker verbunden fühlen als Serben – aber nicht verbunden genug, um ihnen kämpfende Soldaten zu schicken und das Quasi-Gewaltmonopol der Nato auf sie auszudehnen.

Lernen die Menschen auf dem Balkan aus dem zu Ende gehenden Krieg auch eine Friedfertigkeit, die sich mit der messen kann, die die Deutschen aus Schuld und Scheitern im Zweiten Weltkrieg gelernt haben? Ich fürchte, nein. Das Ausmaß angenommener Schuld und angenommenen Scheiterns war und bleibt wohl – leider oder Gott sei Dank? – ein deutscher Sonderfall. So groß das kollektive Leid auf dem Balkan sein mag – einen geschlagenen Schuldigen gibt es dort nicht. Statt dessen wird das Unrecht, wie üblich, auf der Seite des jeweils anderen gesehen. Eine schlechte Voraussetzung für Friedfertigkeit, die länger dauern soll als die Ermattungen des jeweils letzten Krieges.

Heute scheint, was Frieden und Krieg angeht, in der Welt wieder alles offen zu sein. Die zunehmende kom-

munikative, wirtschaftliche und rechtliche Vernetzung
der Welt, ebenso wie die UNO als moralische Instanz
und die Kartellierung der Massenvernichtungswaffen
bei den Industriestaaten mögen dem Frieden zugute
kommen. Aber all dies dämmt nicht nur Gewalt ein,
sondern bringt auch neue, oft unvorhergesehene und
gewaltsame Konflikte hervor.

Nicht wenigen davon kann die UNO als Friedens-
bote und Vermittler die Spitze abbrechen; aber einige
setzen sich über die Weltorganisation hinweg und lassen sie hilflos aussehen. Im gegenwärtigen Balkankrieg
scheinen das eine *und* das andere der Fall zu sein. Das
letzte Wort dazu ist nicht gesprochen. Nicht auszu-
schließen ist, daß die UNO aus Demütigung und Scheitern mehr einigende Impulse bezieht und für die Zukunft besser gewappnet hervorgeht als aus einem
Erfolg. Aus der »unmöglichen« Situation, in die sie ihre
Blauhelme gebracht hat, deutet sich ein Lernen an: Angesichts immer komplexerer Konfliktlagen, die in der
Welt entstehen, schafft sich die Weltorganisation für
unterschiedliche Aufgaben auch unterschiedliche Ein-
satzmöglichkeiten: Ein »neutrales Korps«, das tren-
nend, vermittelnd und helfend zwischen streitenden
Parteien stationiert wird und sich am unbedingten
Neutralitätsgebot des Roten Kreuzes orientiert. Und
eine »integrierte Schutztruppe«, mit der die Weltgemeinschaft zum Schutz von Menschen und Rechten
entschieden kämpfend Partei ergreift; dies setzt jeweils
einen hinreichenden Konsens darüber voraus, wer sich
durch Verletzung von Menschen- und Völkerrechten
zum Außenseiter der Weltgesellschaft macht, gegen den
mit allseits legitimierter Gewalt vorzugehen ist.

Mögen solche Schritte noch so problematisch und weit entfernt sein von einem gleichfalls problematischen Gewaltmonopol: Sie gewinnen ihren Sinn weniger aus quasi-technokratischen Träumen von einem Weltsuperstaat als aus dem unendlich langwierigen Bildungsweg eines Weltgewissens und einer Weltmoral. Bilden diese sich allein dadurch, daß ihre Notwendigkeit immer wieder behauptet wird? Zu ihrer Selbstbehauptung gehört mehr. Verletzte Rechte und moralische Gefühle wollen nicht nur formuliert und repräsentiert, sondern auch verhandelt, vermittelt und nachdrücklich, gegen Gewalt letztlich mit Gewalt geschützt werden.

Auch einer besseren Gesellschaft wird das Dilemma bleiben, daß der Wunsch nach Frieden und die Forderungen einer universalen Moral sich nicht immer decken. Frieden zu halten wird ständige Mühe kosten und nicht ein für allemal lernbar sein.

Gegen Windmühlenflügel

Das Leid im Kosovo: An ihm bildet sich, im Mitleid, die moralische Einheit der Welt. Doch es scheint nur so. Sogar im Mitleid unterscheiden wir zwischen nah und fern, zwischen Freund und Feind. Und wo geteilte Gefühle die Grenzen sprengen, da dauert die Übereinstimmung nur einen geschichtlichen Augenblick lang. Schon die Frage nach der Schuld am Geschehen stellt die gewohnten Fronten wieder her. Die Nato habe das Elend, dem sie Einhalt gebieten wollte, vergrößert, sagen die einen. Sie habe sich nur dem laufenden Verbrechen der Vertreibung entgegengestellt, erwidern die anderen. Recht haben sie beide. Darin liegt ja die Tragik: Was immer wir tun oder nicht tun – die Flucht der Volksgruppen aus ihrer Heimat geht weiter. Nichts kann ihre Trennung aufhalten. Nicht einmal der Krieg.

Diese Einsicht ist dem modernen Menschen – sei er Realist oder Pazifist – schwer erträglich. Er kann sich die Welt nur als eine durch Handeln und Handlungsfehler gemachte vorstellen. Als Realist glaubt er an die Macht des gewaltsamen, als Pazifist an die Macht des friedfertigen Handelns. Ein Unrecht ist geschehen, ein Krieg ausgebrochen? Da muß jemand etwas sachlich oder moralisch falsch gemacht, übereilt oder auftrumpfend, nicht schnell oder nicht entschieden genug gehandelt haben. Der Hauptschuldige ist schnell ausgemacht: Milošević. Aber auch auf seinen Gegenspieler, die

Nato, fällt der Schatten der Schuld. Ihre Schuld heißt Schwäche.

Das »mächtigste Militärbündnis der Welt« hat seine Kriegsziele nicht erreicht. Es hat, zunächst, den Führer der Serben nicht stoppen, eine humanitäre Katastrophe nicht verhindern, ein autonomes Kosovo in einem multiethnischen jugoslawischen Staat nicht einrichten können. Die Nato ist gescheitert. Sie ist ohne nennenswerten Widerstand des Gegners gescheitert. Sie ist gescheitert, ohne eine militärische Niederlage hinnehmen zu müssen, und fast ohne Verluste. Dieses Ergebnis ist so absurd, daß man sich fragen muß, ob der Krieg überhaupt stattfindet und, wenn ja, ob der tiefere Sinn des Kriegszugs nicht in seinem Scheitern liegt.

Die präziseste Erklärung für das Scheitern kommt, wie nicht anders zu erwarten, von den Militärs und Kriegsforschern (die in Deutschland bis vor kurzem nur Friedensforscher heißen wollten). Ein Krieg ist für den nicht zu gewinnen, der sich eine Hand auf den Rükken bindet. Besonders nicht, wenn er es den Gegner wissen läßt. Schon gar nicht, wenn für diesen der Kampf existentiell ist. Kriege sind unberechenbar, erfordern vollen Einsatz und allen Willen: Diese Einsicht Carls von Clausewitz, nach dem Vietnamkrieg und vor dem Golfkrieg vom amerikanischen General Powell zum Credo der US-Militärakademien erhoben, scheint über Nacht in Vergessenheit geraten zu sein. Die erste Nach-Weltkriegs-Generation an der Macht, die Clintons, Blairs und Schröders, sind dem existentiellen Charakter des Krieges weit genug entrückt, um sich ein bißchen Krieg vorstellen zu können. Weil sie vom Krieg nichts verstehen, schlittern sie in ihn hinein.

Die politisch-militärische Fehleranalyse, in sich stimmig, hat allerdings selbst einen Fehler. Zu den tieferen Gründen des Scheiterns stößt sie nicht vor. Sie sind nicht militärischer Art. Erst im militärischen Erfolg kämen sie ans Licht. Denn ein Siegkrieg gegen die Serben, nach der militärischen Logik »Ganz oder gar nicht«, hätte einen hohen Preis: Sofern er nicht durch punktgenaue Angriffe auf einzelne Objekte, sondern nur durch die sich steigernde Zerstörung des Landes zu erreichen wäre, würde er das Weltgewissen gegen die Nato aufbringen, von der immer noch bedrohlichen Militärmaschine Rußlands zu schweigen. Was die Nato militärisch gewänne, ginge ihr moralisch, als Zustimmung verloren.

Die Bürger in den Vereinigten Staaten wie in Westeuropa stützen zwar ihre Regierungen im Kampf um die Menschenrechte. Gekämpft werden soll aber möglichst kostenlos, aus der Ferne, ohne eigenes Risiko, aus der Luft, von oben herab. Nichts liegt den europäischen Zivilgesellschaften ferner als eine Kampf- und Opfermoral oder gar eine Gesinnung zum Krieg.

Andererseits braucht der Krieg gegen Serbien Moral – mehr Moral als alle anderen Kriege, die der Westen in den letzten Jahrzehnten geführt hat. In ihnen ging es um Öl, strategische Positionen, die Eindämmung des Kommunismus oder die Unverletzlichkeit staatlicher Grenzen. Jetzt aber kämpft die Allianz weder für eigene Interessen noch für das Völkerrecht – eher dagegen. Als einzige Begründung für den Kriegszug gegen Serbien bleibt ihr die moralische, humanitäre. Der Kosovo-Krieg ist der erste moralische Krieg in Reinkultur.

Jeder Krieg neigt dazu, sich seine eigene Moral zu beschaffen. Er übersteigert die alltägliche Moral, auf der alles soziale Leben beruht, indem er die Teilung der Welt in Gut und Böse verschärft. Schon lange haben wir das Böse nicht mehr so deutlich vor uns gesehen wie in der Person Miloševićs. Kriegszeiten, so heißt es zu Recht, sind Hoch-Zeiten für moralische Gefühle. Moralische Gefühle und Gewalt treiben sich gegenseitig in die Höhe. Anders als wir meinen, hat die Fähigkeit zu unvorstellbarer Gewalt weniger mit der Natur der Menschen als mit ihrer Kultur oder moralischen Vorstellungskraft zu tun. Moral und Gewalt sind keine Gegensätze. Mit der Steigerung moralischer Argumente steigern sich Rechtfertigungen und Potentiale der Destruktion.

Gegen die Hypermoral des Krieges hat die Menschheit Schutzvorkehrungen entwickelt: Interessen und Völkerrecht. Fallen diese Zügelungen, wie im Feldzug gegen Serbien, weg, dann ist der ausschließlich moralisch begründete Krieg, soll er nicht moralisch entarten, auf höchste moralische Standards der Kriegsführung angewiesen: Er darf keine Menschenopfer fordern, weder bei den Soldaten des Westens noch bei der serbischen Zivilbevölkerung, erst recht nicht bei den erbarmungswürdigen Albanern, deren Opferzug er stoppen soll. Die moralische Erhöhung und Zähmung dieses Krieges sind zugleich tröstlich und verstörend: Sie erklären, daß der Krieg nicht gewonnen werden kann und daß der Westen, was seine Kriegsziele betrifft, in ihm scheitern muß.

Der tiefste Grund des Scheiterns ist damit noch nicht erreicht. Wir erblicken ihn, wenn überhaupt, sofern wir das Geschehen nicht nur militärisch und moralisch begreifen, sondern auch als Bewegung von Gefühlen der

Zusammengehörigkeit. In jedem Krieg werden solche kollektiven Identitäten aufgewühlt und neu gemischt. Mit welchem Ergebnis, wissen wir im Prinzip nie. Das Besondere an diesem Krieg ist aber, mit welcher Wucht sich die Dinge zu einem Muster ordnen, bevor er zu Ende ist, ja sogar bevor er angefangen hat. Das Muster ist vielfach vorgegeben: in der Bildung nationaler Staaten, die ihre Stabilität nach innen und außen dadurch gewinnen, daß sie ihre politischen Grenzen mit ihren kulturellen Grenzen weitgehend in Übereinstimmung bringen.

Die Bewegung der modernen Welt hin zu einem System nationaler Staaten ist alles andere als abgeschlossen. Sie ist in vollem Fluß, von atemberaubender Dynamik. Gestern hat sie die baltischen Staaten hervorgebracht, die Ukraine, Weißrußland; Slowenien und Kroatien; nicht zu vergessen das vereinigte Deutschland. Mal geht es glatt und friedlich ab, wie bei der Trennung der Slowakei von Tschechien. Mal verlaufen die Dinge blutig und bleiben doch in der Schwebe, wie in Bosnien und Tschetschenien. Heute geht es darum, kulturelle und staatliche Grenzen in der Grauzone zwischen Serbien und Albanien zur Deckung zu bringen.

Dieser Art von Nationsbildung stemmt sich die Nato mit ihrem Konzept eines multiethnischen Kosovo entgegen. Hätte sie es nur, wie immer wieder beteuert wird, mit dem singulären und isolierten Verbrecher Milošević zu tun, wäre ihr Versagen kaum erklärlich. Steht Milošević mit dem Teufel im Bunde? Es würde schon genügen, die Dinge so nüchtern zu sehen, daß er für die Serben steht, zumindest für einen großen Teil von ihnen. Viel schlimmer aber, wenn er

eine höhere Macht hinter sich hätte, nämlich die Ent-
wicklungslogik einer Weltgesellschaft, die im Innern
auf stabile Nationalstaaten angewiesen ist. Gegen eine
solche Macht kämpft die Nato mit ihrem spanischen
Generalsekretär Solana vergeblich an, genauso wie einst
der spanische Ritter Don Quichotte gegen Windmühlenflügel. Wenn ihr Gegner gar keine militärische
Macht ist, ist die »größte Militärmacht der Welt« mit ihrem Latein am Ende – mit und ohne militärischem Sieg.

Was wäre denn passiert, wenn die Nato den Krieg
hätte gewinnen oder durch schiere Drohung verhindern können? Labilität wäre auf Dauer gestellt worden.
Der Konflikt wäre geblieben: Zwischen 90 Prozent
muslimischen Kosovaren, die seit langem politisch und
militärisch gegen die Fremdherrschaft der Serben auf-
gerüstet haben, und zehn Prozent christlich-ortho-
doxen Serben, die unter der Gewalt der völlig gewalt-
losen demographischen Entwicklung – dem Geburten-
überschuß der Muslime – auf eigenem, für sie heiligen
serbischen Boden zu einer immer kleineren Minderheit
zusammenschmelzen und dagegen den Herrschafts-
apparat des serbischen Hinterlandes in Anspruch nehmen. Dazu nun eine Nato- oder UNO-Schutztruppe,
die der Fremdherrschaft eine Ober-Fremdherrschaft
überstülpt ... Darunter soll sich, wie vom Zauberstab
besserer Einsicht berührt, das Konfliktgemenge friedlich auflösen?

Diese Hoffnung, die hinter den Kriegszielen der
Nato steht, zeugt von einer abenteuerlichen Fehlein-
schätzung sozialer Konflikte. Sie wird dadurch nicht
richtiger, daß wieder und wieder gesagt wird: Die Konflikte auf dem Balkan seien durch Kriege, despotische

Führer, ethnische Differenzen und Geschichte verur-
sacht. In Wirklichkeit aber ist der Kosovo-Konflikt,
wie die meisten Konflikte, im Frieden gewachsen und
nicht im Krieg. (Der Krieg ist nur ein Versuch, die im
Frieden entstandenen Konflikte doch noch zu lösen.)
Er ist nicht das Werk eines Mannes – obwohl Miloševićs
Entscheidung, die Autonomie des Kosovo aufzuheben,
den Konflikt verschärft haben mag. Seine Schärfe verdankt er nicht, wie man immer hört, seinem ethnoreli-
giösen Charakter an sich, sondern dessen Verquickung
mit der Herrschaft einer Minderheit über eine Mehrheit, die sich beide, aus eigener Entscheidung, als kulturell unterschiedlich definieren. Und es ist auch nicht die
Vergangenheit, die den Konflikt am Leben hält, sondern seine Zukunftsorientierung. Der Konflikt ist
durch und durch modern. Wir verstehen ihn nicht, weil
wir ihn nicht als modernen Konflikt verstehen, sondern
ihn für antiquiert halten.

   Die moderne Gesellschaft ist auf dem Weg zur Weltgesellschaft. Sie muß das Zusammenleben von sechs
Milliarden Menschen unterschiedlicher Interessen,
Herkunft, Sprache, Religion etc. sicherstellen. Das ist
nicht durch die Aufhebung und Verwischung von
Grenzen möglich; in einer grenzenlosen Gesellschaft,
in der der einzelne sich unmittelbar zu dem Ganzen
verhalten müßte, wäre er ohne Halt und Orientierung
unwägbaren Gewalten ausgesetzt. Die Staaten als über-
schaubare und legitime Gewaltmonopole stellen deshalb die wichtigsten Glieder der Weltgesellschaft dar.
Ihre Rolle als Schutzzonen für die einzelnen können sie
aber nur spielen, sofern ihre Gewaltorganisation durch
Zustimmung und Übereinstimmung derjenigen getra-

gen und kontrolliert wird, die der jeweiligen Gewalt unterworfen sind. Ansonsten wird staatliche Herrschaft als Fremdherrschaft, fremde Gewalt empfunden.

Übereinstimmung ist deshalb grundlegend: nicht nur für den modernen Staat, sondern für alles, was er garantiert, insbesondere den Individualismus und die Selbstbestimmung der einzelnen. Die individuellen Grundwerte des modernen Lebens verdanken die Individuen nicht sich selbst, sondern dem, was sie teilen, einer kollektiven Identität. Diese Übereinstimmung muß nicht auf gemeinsamer Abstammung beruhen, also im strengen Sinne »ethnisch« sein. Sie kann eine gemeinsame Sprache oder eine gemeinsame Religion als ihr Herzstück empfinden; oder, wie in den USA, eine gemeinsame Zivilreligion der Chancengleichheit; in der Schweiz einen gemeinsamen Freiheitsmythos; zur kollektiven Identität des modernen Deutschlands gehört ein besonderes Gefühl kollektiver Fehlbarkeit und damit der Ablehnung kollektiver, besonders nationaler Identität.

Aber ob es uns gefällt oder nicht: Aus geschichtlich gewachsenen kollektiven Übereinstimmungen und Unterscheidungen ist die moderne Weltgesellschaft zusammengesetzt. Sie sind das, was wir die Kulturen nennen. Der einzelne mag, mit einer Willensanstrengung, aus einer Kultur heraustreten. Ein Staat kann es nicht. Könnte er es, so entstünde ein Gebilde willkürlicher Gewalt, nicht mehr gebunden und gedeckt durch kulturelle Übereinstimmung. Die Moderne sucht sich deshalb den entgegengesetzten Weg: die Grenzen der Staaten mit denen der jeweiligen Kultur zur Deckung zu bringen. Das Ergebnis ist, wie der englische Anthropologe Ernest

Gellner beschreibt, der nationale Staat, in dem Kultur und Gewalt sich gegenseitig begrenzen und schützen.

Das klingt einfach. Aber die Nato hat es nicht begriffen. Noch immer lautet die vom Generalsekretär Solana wiederholte Kriegszielparole: Die Flüchtlinge sollen in einen multiethnischen Kosovo zurückkehren. Dabei war die Vorstellung eines friedlichen multiethnischen Kosovo in einem serbischen Gesamtstaat schon im Vertrag von Rambouillet ein Anachronismus. Nicht etwa, weil es keine multiethnischen Nationalstaaten geben könnte; die Vereinigten Staaten und die Schweiz beweisen das Gegenteil. Sondern weil zwei Existenzbedingungen dieser Staaten im Kosovo nicht gegeben waren: Die Staatsmacht muß von der kulturellen Mehrheit getragen werden, darf jedenfalls nicht gegen sie gerichtet sein. Und: Die Staatsbürger, ob sie der kulturellen Mehrheit oder Minderheit angehören, müssen aus freien Stücken in diesem Staat leben wollen.

Schon lange aber waren die Kosovo-Albaner aus diesem Staat ausgetreten. Sie haben auf ihre Weise versucht, Kultur und Staat zur Deckung zu bringen, im Untergrund: durch Schaffung einer eigenen Regierung und eines eigenen Parlaments, eigenen Militärs, eigener Gesundheitsversorgung, eigener Schulen und Universitäten. Der offizielle serbische Staat aber will auf das für ihn heilige Kosovoterritorium nicht verzichten und die serbische Minderheit dort nicht im Stich lassen.

Der Konflikt gehört zu den unlösbaren – allerdings nur aus der Sicht des Westens. Von den Beteiligten selbst ist er lösbar: in der Machtprobe des Freiheitskampfes oder der Unterwerfung. Dazu waren sie bereits angetreten, als der Westen ihnen in den Arm fiel.

Daß er dies im Namen westlicher Werte tue, gehört zu den zahlreichen Selbsttäuschungen in der tragischen Geschichte. Faktisch praktiziert der Westen, sowohl mit seinem kategorischen Konzept des multiethnischen Kosovo wie mit seinem militärischen Eingriff, die Art von klassischer Fremdbestimmung, mit der Europa auf dem Balkan und im Orient seit jeher aufgetreten ist. Die moderne Wertewelt der Selbstbestimmung aber wird von den kämpfenden Kosovaren vertreten.

Und von den Serben. Denn auch die serbische Minderheit im Kosovo, mit der gesamtserbischen Mehrheit im Hintergrund, wird von einem brennenden Gefühl der Selbstbestimmung im eigenen Haus getrieben. Nicht Rückständigkeit, sondern moderne Wertorientierungen sind es, die, aufeinanderprallend, alte Identitäten in Flammen setzen und dabei verbrennen. Es gehört zu den Illusionen des Westens, sich die moderne Wertewelt der Selbstbestimmung als eine friedliche vorzustellen.

Im Konflikt der Selbstbestimmungen setzen beide, Serben und Albaner, auf die gleiche Lösung: die jeweils andere Gruppe zu majorisieren. Die Albaner, die im Kosovo ja schon über die Mehrheitskultur verfügten, bräuchten dazu »nur« die Grenze zu Serbien als Staatsgrenze zu ziehen: Kultur und Staat wären zur Deckung gebracht. Um das gleiche Ziel zu erreichen, müßten die Serben das Staatsgebiet, über das sie ja schon verfügen, mit einer serbischen Mehrheitskultur ausfüllen. Voraussetzung dazu ist die Vertreibung der albanischen Bevölkerung.

Daß Serben und Albaner, mit umgekehrten Vorzeichen, das gleiche wollen, und zwar beide das Gegenteil

von dem, was der Westen will, gehört zu den unange-
nehmen Einsichten, gegen die man sich hierzulande
sperrt. Noch haarsträubender vielleicht die Erkenntnis,
daß nicht der friedfertige Westen, sondern die verfein-
deten Völker und Diktatoren des Balkans sich im Einklang mit der Entwicklung zur modernen Weltgesellschaft bewegen: Denn nichts festigt die Weltgesellschaft
mehr als stabile Nationalstaaten, die im Innern durch
Mehrheitskulturen getragen und legitimiert sind und
sich nach außen aus freien Stücken zusammen- oder bestehenden Allianzen anschließen.

Ganz und gar unerträglich aber ist uns schließlich der
Gedanke, daß der Weg dahin mit Schuld und Krieg ge-
pflastert ist und daß das Verbrechen der Vertreibung in
eine stabilere Ordnung münden könnte als die gutge-
meinten Kompromißvorschläge der Nato. Wir brauchen darüber nicht zu entscheiden. Die Geschichte hat
ihr Urteil schon gefällt. Das Kosovo wird, kulturell wie
politisch, serbisch werden; oder es wird, nach einer blu-
tigen Rückeroberung, albanisch werden. Oder es wird,
wahrscheinlich, zwischen Albanern und Serben geteilt.
In keinem Falle aber wird es, wie es das Kriegsziel des
Westens will, multiethnisch bleiben.

Das Scheitern der Nato braucht weder schöngeredet
noch mit Häme bedacht werden. Es ist eine Katastrophe für die Menschen im Kosovo, aber nicht für die
Nato selbst. Es ist ein Lehrstück über die Grenzen der
Macht. Die Nato ist keine Volksbefreiungsarmee. Sie
kann nicht den Frieden in fremden Ländern sichern
und auch nicht zwischen fremden Ländern. Sie kann
nicht einmal, daran muß erinnert werden, Konflikte in
und zwischen den eigenen Mitgliedsländern schlich-

ten – in Nordirland, in Zypern oder in der Osttürkei. Sie kann keine Verbrechen verhindern, weder in der Ferne noch in den Mitgliedsländern. Sie kann sich nicht am eigenen Leib und an eigenen Gliedern behandeln. Die Keule ihres Vernichtungspotentials ist viel zu grob, um sie in der Nähe und im Kleinen einzusetzen. Die Nato ist kein Ersatz für national organisierte Gewalt und wird es nie sein. Wenn der gegenwärtige Krieg nur eins lehrt, dann dies: Gegen die Mächte, die zur kleinsten Nationsbildung drängen, ist die größte Militärmacht machtlos.

Die Ohnmacht der Nato beruht auf ihrer Macht. Alles was die Nato nicht kann, erklärt sich durch das, was sie kann. Sie kann die Welt in Stücke sprengen. Sie kann ihre Mitgliedsstaaten gegen jeden Angreifer von außen wirkungsvoll verteidigen. Dafür ist sie gemacht, und dafür taugt sie. Sie kann ihre Mitglieder, allen inneren Querelen zum Trotz, gegen eine Gefahr von außen zusammenschmieden. Aber eine solche Gefahr hat es seit dem Untergang der Sowjetunion nicht gegeben. Deshalb droht sie die tieferen Gründe und Grenzen ihrer Macht zu vergessen – und probiert sie an Zielen aus, die sie nicht erreichen kann.

Das mag zu einer gefährlichen Illusion der Schwäche führen, insbesondere bei denen, die den Westen sowieso für dekadent halten und ihm die Moral zum Kampf absprechen. Sie vergessen dabei, daß der Westen schwach ist, sofern er aus sich heraustritt und sich gleichsam außerhalb seiner selbst verwirklichen will, noch dazu mit Gewalt. Diesen Versuch zu wagen – so dummdreist ist heute keine andere Kultur. Die Kulturen der Welt sind vollauf damit beschäftigt, sich gegen die Expansion und Dominanz des Okzidents zu behaupten – oder ihn um Hilfe zu bitten. Zur Selbstbehauptung ist der Westen bisher nicht herausgefordert. Viele wollen sich ihm anschließen, viele rufen ihn an. Niemand macht ihm seine Werte streitig, niemand sein Territorium. Sollte dies geschehen, sollte der Westen wirklich einmal seine eigene Lebensart auf eigenem Boden zu verteidigen haben, dann erst würde sich zeigen, wie stark nicht nur seine Waffen sind, sondern auch seine Moral und seine Identität – und wie schnell sich seine Zivilgesellschaft im Notfall militarisiert.

Auf dem Balkan werden die Kriegsziele der Nato verfehlt. Aber welcher Krieg wäre je geführt worden, um Ziele zu erreichen? Ziele sind Vorwände. Kriege werden geführt, um zu zeigen, wer man ist, wo man steht, wofür man steht, gegen wen man steht, mit wem man zusammensteht, wie weit man geht: bis zum äußersten? Der Balkankrieg wird so weit nicht gehen. Er lehrt uns schon vorher, was wir eigentlich nicht lernen wollen. Ohnehin werden wir aus dem Scheitern dieses Kriegszugs mehr lernen als aus einem Erfolg.

Moral und Menschenrechte

Selten ist die Verletzung von Menschenrechten so unstrittig, die Empörung darüber so einhellig wie angesichts der Verbrechen im Kosovo. Selten liegen Notwendigkeit und Möglichkeit, leidenden Menschen und universaler Moral auch mit Gewalt zu ihrem Recht zu verhelfen, so klar auf der Hand. Der Sünder Serbien steht allein; Verbündete sind von ihm abgerückt. Die größte Militärmacht der Welt überzieht ihn mit einem Luftkrieg. Das Völkerrecht kann sie nicht bremsen, ökonomische Interessen können es auch nicht; sie scheinen ganz aus dem Spiel zu sein. Die Nato führt den ersten rein moralischen Krieg, heißt es, mit einem Unterton von Erstaunen, ja von Stolz, aber auch von Bestürzung.

In der Tat, so viel Moral in einem Krieg war noch nie – aus westlicher Sicht: in seinem Anlaß, die Vertreibung der Menschen im Kosovo aufzuhalten und ihnen beizustehen; in seiner Führung, die alle Menschenopfer vermeiden will; in seinem Ziel, die Vertriebenen in einen multiethnischen Kosovo zurückzuführen; in seiner Begründung durch die Menschenrechte.

Niemand vermag diese Begründung überzeugender zu formulieren als Jürgen Habermas, der zeitgenössische Philosoph der Aufklärung: So wie die nationale Staatsgewalt dem individuellen Verbrechen, so muß die Weltgemeinschaft dem Verbrechen des einzelnen Staates entgegentreten. Solange es eine demokratisch legiti-

mierte Weltstaatsgewalt noch nicht gibt, soll (oder darf)
wenigstens eine Gruppe von demokratischen Nachbarstaaten – die 19 Nato-Länder – in paternalistischem
Vorgriff einer Weltmoral zur Geltung verhelfen. Als
Vorbild gilt die Allianz gegen Hitler-Deutschland. Gerade weil Habermas die Widersprüchlichkeiten einer
Weltmoralpolitik durch den Westen aufdeckt, ihre Kosten mitbedenkt, Zweifel an ihrem Erfolg äußert und die
Selbstermächtigung der Nato nicht zur Regel werden
lassen will, gewinnt seine Position an Glaubwürdigkeit:
Legitimation des Krieges durch ein weiter ausgreifen-
des, wenn auch mit Vorsicht und Vorbehalten angedeu-
tetes Fortschrittsmodell moralischer Entwicklung.

Realpolitisch läßt sich dieses Projekt untermauern,
indem man die vor 60 Jahren entworfene Zivilisations-
theorie Norbert Elias' fortschreibt: So wie die Monopolisierung und Zivilisierung der Gewalt in den Staaten
der westlichen Welt ohne gewaltsame Vormachtkämpfe
und Unterwerfung von ehemals Ebenbürtigen – Stämmen, Feudalherren, Stadtstaaten, Völkern – nicht zu haben waren, so läßt sich auch die moralische Einigung
der ganzen Welt nicht ohne gewaltsam ausgeübte Dominanz herbeiführen. Dem Weltstaat nähern wir uns
weniger durch freie Verträge unter Gleichen als durch
hegemonialen Oktroi. Die Nato ist der kollektive Hegemon, Amerika der Hegemon innerhalb der Nato. Die
Kriege gegen Hitler-Deutschland, den Irak und Serbien
liegen, vom Westen aus gesehen, auf einer weltge-
schichtlichen Linie. In dieser Perspektive erscheinen
Moral und Gewalt nicht mehr als Gegensätze, sondern
verschränken sich. Die Theorie der moralischen Entwicklung hat ihren Frieden gemacht – mit dem Krieg.

Für uns Deutsche ist dieser Gedanke ungewohnt, ja unerhört. Nicht so in den angelsächsischen Ländern, die mit ihren Kriegen andere Erfahrungen gemacht haben. *Der gute Krieg* hieß ein Buch, in dem der populäre Journalist Studs Terkel die Gefühle der Amerikaner nach dem Zweiten Weltkrieg schildert. Nun sind auch die deutschen Intellektuellen, für die »Westbindung« bisher nur ein Wort war, im Westen angekommen. Allerdings, der realpolitische Teil der Aufklärung läßt uns frösteln; so hatten wir uns den Weg zu einer Weltbürgermoral nicht vorgestellt. Auch die Vermutung, daß wenigstens die Nationalstaaten dabei auf der Strecke blieben, erweist sich als falscher Trost.

Fast als die einzige Orientierungsmarke auf diesem Weg erscheinen uns die Menschenrechte. Vor 50 Jahren wurden sie von den Vereinten Nationen verabschiedet, als eine Reaktion auf die nationalistischen Aufwallungen und Greuel des Zweiten Weltkriegs. Ihre Grundidee, daß alle Menschen unangesehen von Rasse, Geschlecht, Religion, Herkunft als gleiche zu respektieren und zu behandeln sind, ist eine Errungenschaft der europäischen Religionskriege und Aufklärung. Und doch klingt der ständige Bezug auf Menschenrechte merkwürdig formelhaft und abstrakt, abgehoben von dem, was tatsächlich in unsern moralischen Gefühlen geschieht. »Wer Menschheit sagt, will betrügen«, zitiert Habermas Carl Schmitt. »Mit der Menschenrechtsrhetorik läßt sich gehörig Mißbrauch treiben«, schreibt György Konrád angesichts der Flugzeuge, die im Namen der Menschenrechte Serbien bombardieren.

Die hegemonial verfochtenen Menschenrechte rufen Bewegungen gegen sich selbst hervor. Nur zum Teil sind diese als standortgebundene Interessen und politische Kalküle zu verstehen. Letztlich stammen sie aus den Tiefen moralischer Empfindungen, die von allen Menschen geteilt werden. Sie sind Ausdruck von moralischen Regeln, die alles soziale Leben steuern. Wir sind ihnen unterworfen, ob wir es wissen und wollen oder nicht, im Frieden wie im Krieg. Wenige grundlegende moralische Regeln des Zusammenlebens werden in allen Kulturen verstanden. Sie sind elementar und universal.

Vor ihnen sind alle Menschen gleich. Aber sie kennen die Unterscheidung zwischen Starken und Schwachen. Je stärker beide verbunden sind, desto stärker die Verpflichtung des Starken, dem Schwachen zu helfen und ihn zu schützen. Diesen moralischen Gefühlen der *Hilfsbereitschaft* und *Schutzbereitschaft* gehorcht die Nato. Sie hilft den Kosovaren, allerdings schützt sie sie nicht. Sie stellt sich nicht schützend vor sie. Daß ihr das, wie es scheint, von den Schutzbedürftigen nicht übelgenommen wird, liegt daran, daß diese selbst die Bindung an den Westen und damit dessen Schutzverpflichtung als eine schwache empfinden. Je mehr allerdings die Schutzbedürftigkeit der Albaner als Rechtfertigung von der Nato betont wird, desto mehr wertet diese sich selbst ab: als ein Starker, der zu schwach ist oder zu unwahrhaftig, um die übernommene Schutzverpflichtung zu erfüllen. Der Militärschlag des Starken enthüllt seine Schwäche. Die Schwäche des Starken wird zur Schuld.

Die von der Nato gewählte Kriegsführung, den Schwachen nicht direkt zu schützen, sondern dessen Peiniger zu peinigen, gehorcht dem Prinzip der *Rezi-*

prozität: Wie du mir (oder meinem Schützling), so ich dir. Erwiderung bis zur Genugtuung: Dies ist der moralische Kern aller Gerechtigkeitsvorstellungen. Je nach Situation empfinden wir Reziprozität als gut, wie in Freundschaft, Solidarität oder Marktbeziehungen, oder als schlecht, wie in Vergeltung und Strafe. Erwiderung ist ein fortlaufender Prozeß: Die Albaner erwidern, sich lossagend, auf die serbische Unterdrückung, die Serben erwidern auf die Albaner, die Nato erwidert auf die Serben, die Serben erwidern auf die Nato. Aber da sie ihren Feind nicht zu fassen bekommen – er fliegt zu hoch –, revanchieren sie sich, strafend, am Freund und Schützling ihres Feindes: »Geht doch zur Nato.« Vielleicht ist die Vertreibung nicht einmal die schlimmste Erwiderung; was die serbische Soldateska den Albanern bei Nacht und Nebel sonst noch antut, wissen wir nicht. Wir lassen sie allein mit ihr und mit der furchtbaren moralischen Grundkraft des sozialen Lebens: dem Drang nach Genugtuung. Durch die Bomben – unsere eigene Genugtuung – geben wir ihm noch Nahrung. Wir wissen das. Mühsam versuchen wir unser Wissen zu verdrängen, unser Gewissen zu beruhigen: Die Serben hätten sowieso getan, was sie jetzt, in Erwiderung auf uns, tun. In feindseliger Kooperation sind wir ihnen verbunden. Das dürfen wir nicht wahrhaben. Die tiefsten Zusammenhänge des sozialen Lebens sind tabu.

Der Krieg verbindet die Gegner. Sie beziehen sich aufeinander. Sie kommen sich nahe. Sie kalkulieren, was der andere als nächstes tun wird. Sie forschen sich aus. Hätten wir im Frieden je so viel erfahren über Serbien, seinen Führer, seine Geschichte, seine Nachbarn? Die Gegner schätzen sich ab, sie verschätzen sich, sie unter-

schätzen sich, sie schätzen sich gering, sie schätzen sich.
Sie beklagen, daß der Gegner sie falsch einschätzt, daß
er sie nicht versteht. Der Gegner ist ihnen noch nicht
nahe genug. Auch deshalb dauert der Krieg an.

Aber was ist dies für ein Krieg? Völkerrechtlich ist es
gar keiner. Für unsere Augen, wenn wir ihnen trauen
können, ist es ein Krieg. Die Bilder der Vertreibung
und Vernichtung erregen und empören uns. Und doch:
Wir sehen ihn, aber bekommen wir ihn auch zu spüren? Wir, im Westen, fühlen uns nicht in ihm. Obwohl
wir im Krieg sind – wir sind die Nato –, fühlen wir uns
nicht in ihm. Wir hassen den Feind nicht, wir fürchten
ihn nicht, wir wollen nicht gegen ihn kämpfen. Clinton
und Schröder geben unsere Gefühle richtig wieder:
»Wir sind mit den Serben nicht im Krieg.« Für unsere
im Westen geteilten kollektiven Gefühle ist es kein
Krieg.

Für die Serben ist es ein Krieg. Sie fühlen sich im
Krieg. Sie bekommen den Krieg zu spüren: von uns, die
wir ihn nicht zu spüren bekommen. Wer nicht hören will, muß fühlen. Die Serben fühlen den Krieg, den
wir – die Nato-Länder – gegen sie führen. Den Krieg,
den sie gegen die Kosovo-Albaner im eigenen Land
führen, scheinen sie nicht zu fühlen. Auch die serbischen Oppositionellen scheinen ihn kaum zu fühlen.
Für die Serben ist der Krieg, den sie nach unserer Ansicht im eigenen Land führen, die Niederschlagung eines terroristischen Aufstands. Von den zwei Kriegen,
die es nach unserer Ansicht zur Zeit in Serbien gibt, gibt
es für die Serben nur einen Krieg.

Den Krieg, den die Serben nicht fühlen, fühlen die
Albaner. Nur für sie gibt es beide Kriege, weil sie beide

Kriege fühlen. Sie fühlen den Krieg, den die Serben gegen sie führen, mit allem kollektiven Leid, den ein Krieg nur bringen kann. Den Krieg, den die Nato zu ihrem Schutz, ohne sie schützen zu können, gegen die Serben führt, fühlen sie als Genugtuung.

Die beiden Kriege scheinen sich kaum zu berühren, aber sie haben manches gemeinsam. Sie sind hegemoniale Kriege. Sie werden nicht nur um Macht, sondern auch um Vormacht geführt. Und sie werden nicht von gleich zu gleich, sondern von Übermächtigen gegen fast Wehrlose geführt. Die UÇK hat dem serbischen Militär und Paramilitär nichts entgegenzuhalten; dieses treibt die wehrlosen Albaner vor sich her – offenbar kampflos. Die Serben ihrerseits müssen die Angriffe der Nato-Bomber hinnehmen – praktisch ohne Gegenwehr. In beiden Fällen: Kriege ohne Kampf.

Zum Kämpfen gehören zwei, die kämpfen können und kämpfen wollen, also ein gewisses Maß an Ebenbürtigkeit und Übereinstimmung haben. Es sind die Schwächeren, die die Ebenbürtigkeit des Kampfes suchen: Die jungen Albaner strömen aus dem komfortablen Westen zurück in die Heimat, um im Befreiungskampf den Serben die Stirn zu bieten. Und die serbischen Männer, die sich vor dem US-Konsulat in Frankfurt am Main jeden Tag zur Mahnwache versammeln, brennen darauf, daß der Bodenkrieg endlich losgehe; dann wollen sie alles stehen und liegen lassen, um der feigen Nato etwas zu zeigen, »wogegen Vietnam ein Kinderspiel war«.

Aber der ferne Hegemon will nicht kämpfen. Er will Krieg führen, aber dem Gegner fernbleiben. Er will nicht nur den Kampf, sondern Gewalt überhaupt vermeiden. Gewalt, eine Machtaktion mit der Absicht, den anderen körperlich zu treffen und zu versehren, soll es möglichst auch im Krieg nicht mehr geben; nur noch Sachen sollen zerstört werden. Opfer unter den gegnerischen Soldaten, erst recht unter der Zivilbevölkerung, sind nur noch als unbeabsichtigte Nebenwirkungen, als Unfälle annehmbar. Allerdings, im Zweifelsfall ziehen wir es doch vor, unschuldige Dritte mit Gewalt zu überziehen, als uns dem Gegner zum Kampf zu stellen. Den Tornado-Piloten, mögen sie als einzelne auch kampfesmutig sein, verbietet die Nato-Strategie, so tief zu fliegen, daß der Gegner die Chance eines Abwehrkampfes hat. Lieber gehen wir das Risiko ein, aus der Ferne Zivilisten zu treffen, als unsere eigenen Piloten und ihre Maschinen treffen zu lassen. Jeder Verlust wäre ja auch ein Symbol für die Schwäche des Hegemon, von dem wir ein Teil sind. Unsere Humanität als Ethik der Gleichheit aller Menschen unterscheidet sehr wohl zwischen dem Wert eines Menschen und dem eines anderen. Geht es wirklich um den Menschen, oder verbirgt sich hinter dem Tremolo vom »Wert eines Menschenlebens« nicht ein anderer Wert – eine kollektive Machthabe, deren Wert für uns wir uns auf keinen Fall eingestehen wollen?

Seit dem Zweiten Weltkrieg arbeitet der Westen auf das Ideal hin, Gewalt und insbesondere Kampf aus dem Krieg zu verbannen, den Krieg zu entkörperlichen, den Gegner mittels technischer Überlegenheit auf Distanz zu halten, ihn aus der Ferne, von oben zu treffen. Deutet sich in dieser Tendenz zum hegemonialen und zugleich schonenden Krieg nicht ein gewaltiger moralischer Fortschritt an, ein Vorgriff auf eine Welt ohne

Kriege? In der Tat verlangt ja die Strategie der Schonung nicht nur eine technologische Weiterentwicklung und zugleich Domestizierung des Vernichtungspotentials, sondern auch ein stärkeres An-sich-Halten, eine Affektkontrolle, kurz: eine Zivilisierung der Freund-Feind-Beziehungen.

Dies schützt allerdings nicht vor »Unfällen« durch technische und menschliche Fehlsteuerungen. Es ist auch keine Garantie dafür, daß Schonungsvorsätze eingehalten werden. Es kann sogar einen Verlust der instinktiven Sicherungen und kulturellen Regelungen bedeuten, durch die jeder körperliche Kampf eingehegt ist. Hiroshima ist ein Fanal dafür, wie nah das Ideal des Krieges ohne Kampf und die verheerendste Vernichtungsgewalt beieinander bleiben.

Je mehr der Hegemon dagegen seine Moral der Schonung ins Feld führt, desto leichter ist sie verletzt und fällt als Unmoral auf ihn zurück. Schon relativ wenige fehlgeleitete Raketen und getötete Zivilisten rufen große Empörung gegen die Nato hervor, nicht nur seitens der Serben. Je mehr die Nato den moralischen Krieg intensiviert, desto mehr entzieht sie ihm die moralische Grundlage. Der Krieg ohne Kampf demoralisiert sich selbst – durch seine moralischen Ansprüche.

Noch folgenschwerer aber ist, daß die vom Hegemon diktierte Moral der Kampflosigkeit, wenn sie sich denn erfolgreich durchsetzen läßt, die elementare Moral der Reziprozität gegen sich aufbringt. Denn diese ist nirgends stärker enthalten als im Kampf. In keiner anderen Beziehung ist es so überlebenswichtig, daß Menschen sich aufeinander einlassen, gegenseitig erkennen und anerkennen. Das gilt gerade für die modernen Ge sellschaften, deren tragende integrative Institutionen und Rituale solche des Kampfes sind: Ohne Konkurrenzkämpfe, Wahlkämpfe, sportliche Wettkämpfe, die Kämpfe der Parteien vor Gericht hätte unser progressiver Alltag nicht einen Tag lang Bestand. Im Kampf – und nicht in seinem Ausgang – äußern und erneuern sich die zeitlosen Werte der Gleichrangigkeit, der gegenseitigen Anerkennung und der Würde, also die Werte, die den Menschenrechten zugrunde liegen. Deshalb suchen die Erniedrigten den Kampf von gleich zu gleich.

Der Krieg von oben herab verweigert dem Gegner die Anerkennung der Gleichwertigkeit und widerspricht, in seiner Kampfvermeidungsmoral (und nicht nur wegen der Toten, die er gleichwohl fordert), dem moralischen Kern der Menschenrechte, in deren Namen er geführt wird. Er wird nicht nur militärisch aus höchster Höhe geführt, sondern auch moralisch: wegen der Grausamkeiten, die da unten begangen werden. In dieser Legitimation liegt nicht nur die Abwertung des Gegners zu einem Menschentypus, der auch moralisch ganz unten ist. Schlimmer noch: Die rein moralische Begründung des Krieges durch die Unmenschlichkeit und die Schuld des Gegners bräche in sich zusammen, wenn unser Bild von ihm als Verbrecher und Alleinschuldiger sich ändern würde. Seine Bestialisierung muß deshalb fortgesetzt werden. Der menschenrechtlich begründete Krieg fordert immer neue Bilder von Leid und Grausamkeit, wie sie uns der Verteidigungsminister höchstpersönlich vorführt. Und auch eine nüchterne Infragestellung der Schuldfrage – könnte sie für die Trennung von Serben und Albanern nicht genauso schwer zu beantworten sein wie für die Trennung moderner Paare? – kommt nicht mehr in Frage. Der moralische Krieg braucht seinen Sündenbock.

Die Beteuerung, daß wir keinen Krieg gegen das serbische Volk, sondern gegen seinen Diktator führen, klingt für die Serben wie Hohn. Entweder wir halten sie für Gegner von Milošević und seiner Politik oder zumindest für schuldlos, dann ist es moralisch unbegreiflich, daß wir ihr Land verwüsten und viele von ihnen töten, während wir den Schuldigen mit unsern punktgenauen Raketen verschonen. Oder wir wollen sie durch die Bombardements zum Tyrannensturz bewegen; darin liegt der Schuldvorwurf, daß sie es bisher nicht fertiggebracht haben. Oder wir glauben selbst nicht an die Alleinschuld von Milošević und ahnen zumindest, daß er und seine Clique von viel größerer Zustimmung getragen werden, als wir wahrhaben wollen; dann halten wir das serbische Volk für schuldig und bestrafen es, aber leugnen beides. Darin liegt nicht nur Heuchelei, sondern auch Mißachtung oder gar Verachtung kollektiver Gefühle, die wir als nationalistische nicht anerkennen wollen, weil wir sie für minderwertig halten. Wie soll aber ein Volk, das wir für nicht schuldig, ja nicht schuldfähig erklären, und gleichwohl wie einen Schuldigen bestrafen, seine Schuld einsehen?

Bestimmt nicht unter dem Hagel unserer Bomben und unserer Argumente. Unsere Taten machen zunichte, was wir sagen und was wir wollen. Solange der Westen nur von oben kommt, wird das Schuldbewußtsein, das er den Serben beibringen will, sich gegen ihn selber wenden. Da ihnen der Kampf der Ebenbürtigen verweigert wird, können sie sich nur durch Standhalten den Respekt der Gleichwertigkeit verschaffen, um den es im letzten Grunde immer geht. Das hat der Westen schon im Golfkrieg nicht begriffen. Von Hitler geblendet, sehen wir überall nur die Verbrechen der Diktatoren, wo wir es vielmehr mit dem Stolz der Völker zu tun haben, die sich nicht herabwürdigen lassen wollen. Eher lassen sie ihre Flugplätze, Fabriken und Wohnhäuser zerstören als ihre Moral.

Will der Hegemon zu einer moralischen Instanz werden, dann muß er schon selbst herab und zu ihnen auf den Boden kommen. Alle dürsten nach Bodentruppen des Westens: die Serben, damit sie im Kampfe ebenbürtig werden; die Albaner, damit ihnen ein wirklicher Schutz zuteil wird; die Experten, Stammtischstrategen und Generäle des Westens – insbesondere Großbritanniens –, damit sie den Krieg endlich gewinnen können. Nicht nur militärische Konsequenz, sondern auch die elementare Moral des Schutzes der Schwachen und die Moral der Reziprozität rufen nach Bodentruppen. Warum wollen wir trotz allem nicht kämpfen?

Die Antwort geben wir selbst – ausgerechnet in unserer eigenen Begründung für den Krieg: Wir können nicht zulassen, daß »vor unserer eigenen Haustür« oder »hier in unserem eigenen Haus Europa« die Menschenrechte mit Füßen getreten werden, heißt es immer wieder. Was wie die stärkste Aufforderung zum Kampf erscheint, enthüllt in Wirklichkeit, warum wir nicht kämpfen wollen. Die ganze Erklärung liegt in einem Wort: *eigen*.

Für das *Eigene* muß man kämpfen. Es hat Eigenwert. Dies setzt der Appell als selbstverständlich voraus – zu Recht. Daß uns das Eigene, das Nahe immer und unwillkürlich mehr wert ist, bindet und verpflichtet als das Fremde und Ferne – dieses *Prinzip der Präferenz* für die vertrauten Bindungen (mit seiner unguten Kehrseite der Diskriminierung des Fremden) ist neben dem Reziprozitätsprinzip die andere große moralische Grundkraft des sozialen Lebens. Sie erklärt vieles. Sie erklärt, warum wir in Bosnien und Serbien eingreifen, aber nicht in Ruanda, Kurdistan oder China, obwohl dieselben Menschenrechte dort eher mehr als weniger verletzt werden: Die fernen und die großen Länder sind uns weniger zu eigen als die nahen und die kleinen. Es erklärt auch, warum wir zum Balkan nur zwölf Tornados schicken und nicht ein kämpfendes Heer, wie wir es selbstverständlich bei einem Angriff etwa auf das neue Nato-Mitglied Ungarn tun würden: Wir machen uns die Probleme des Balkans zwar mehr zu eigen als die Afrikas und Asiens, aber doch weniger als die der Nato-Länder und der Europäischen Union.

Das moralische Prinzip der Präferenz erklärt ferner, warum die Serben sicher sind, daß wir keine Bodentruppen zum Schutz der Kosovaren schicken. Und es erklärt, warum diese uns nicht vorwerfen, daß wir sie nicht wirklich schützen. Denn alle, Serben, Albaner, Deutsche, Amerikaner, eint ein tiefes Einverständnis: Wir wissen, daß die Nato-Soldaten auf dem Balkan nicht für etwas Eigenes kämpfen: Sie verteidigen nicht eigenes Territorium, nicht die eigene Verfassung, das eigene Volk nicht, nicht die eigene Familie und nicht die eigene Art zu leben. Die Kosovaren dagegen, sofern sie kämpfen können, kämpfen um die eigene Existenz. Und die Serben kämpfen um den eigenen Staat, den eigenen Boden, den sie für heilig halten, und die eigene

Würde. Deshalb haben sie die Moral zum Kampf, die wir, in diesem Fall, nicht haben.

Kosovaren und Serben, jedes Volk auf seine Weise, sind in diesem Krieg in Einklang mit dem grundlegenden Moralgesetz des sozialen Lebens: der Präferenz für das Eigene, aus der auch der moderne Wert der Selbstbestimmung entspringt. Die Nato ist es nicht. (Mag sie sich selbst auch nur den Menschenrechten verpflichtet fühlen: Ihre Art von Selbstlosigkeit setzt de facto nur die Tradition hegemonialer Fremdbestimmung fort, die die europäischen Großmächte in ihrem Verhältnis zum Balkan begründet haben.)

Vergebens versuchen wir dieses Legitimitätsdefizit auszugleichen durch die Rede vom »eigenen Haus«, in oder vor dem wir zur Verteidigung verpflichtet seien. Unsere Gefühle und Taten strafen unsere Worte Lügen. Reichte das eigene Haus wirklich bis zum Balkan, dann wären auch unsere Söhne dort. Aber nichts erschreckt uns mehr als der Gedanke, daß sie ihr Leben lassen würden – für etwas, das wir in der Wirklichkeit unserer Gefühle doch nicht als Eigenes empfinden, mögen wir es nennen, wie wir wollen. Die Entscheidung »keine Bodentruppen« entspringt letztlich nicht militärischer Vernunft oder irgendeinem Interessenkalkül. Sie gehorcht einer Moral, die uns tiefer bestimmt als die Rhetorik der Menschenrechte. Die Entscheidung bringt auch uns wieder in Einklang mit dem Prinzip der Präferenz für das Eigene.

Dasselbe Prinzip erklärt schließlich, warum wir, als Deutsche, am Krieg überhaupt teilnehmen, obwohl er uns zutiefst zuwider ist: Es ist die Loyalität zum eigenen Verteidigungsbündnis, aus dem man auf keinen Fall herausfallen darf. Unsere Gegner, die Serben, sehen dieses Motiv hinter unseren eigenen humanitären Begründungen schärfer als wir selbst – und entschuldigen damit, daß wir, widerstrebend, in den Krieg gegen Serbien hineingezogen wurden. »Das Eigene erkennt der Mensch zuletzt«, weiß der Weise. Das Eigene ist immer mehr als das Individuelle; es sind die Bindungen, die uns näher sind, wenn wir fernere Bindungen eingehen.

Obwohl das Eigene das Besondere ist, ist die Präferenz für das Eigene allgemein. Zusammen mit den Prinzipien der Reziprozität und der Schutzbefohlenheit der Schwachen bildet das Präferenzprinzip die Grundlage einer Moral, die wahrhaft universal ist – im Gegensatz zu den Menschenrechten, die Universalität nur deklarativ beanspruchen. Zwar bringen auch sie Aspekte einer elementaren Moral zum Ausdruck, letztlich aber sind sie ein Gegenprogramm des christlich-aufgeklärten Westens gegen deren Risiken, zum Beispiel die Spirale reziproker Gewalt und das unheilvolle Zusammenwirken von Präferenz des Eigenen und Diskriminierung des Fremden. In dieser Funktion des Gegensteuerns sind Menschenrechte unverzichtbar.

In der Funktion einer globalen Ethik aber, als Richtlinie für die Sanktionspolitik einer verstärkten UNO oder eines ersatzweise agierenden Hegemonen, sind sie überfordert. Sie bieten zuwenig Moral, und zugleich zuviel. Zuwenig, weil sie, die Rechte von Individuen betonend, die elementaren Regelungsprinzipien des kollektiven Lebens ebenso außer acht lassen wie den moralischen Erfahrungsreichtum der verschiedenen Kulturen. Zuviel Moral transportieren sie, sofern sie als Aufforderung an eine Welt-Machtinstanz verstanden werden, die Menschenrechte mit Gewalt durchzusetzen. Der in bester Absicht militanten Vormacht-Moral zeigt die elementare Moral in ihrer untergründigen Gegenläufigkeit die Grenzen der Macht.

Unbeabsichtigte Konsequenzen sind die Folge, auf allen Seiten: Der lokale Hegemon Serbien wird seine großserbischen Ziele nicht erreichen, der globale Hegemon Nato die seinen auch nicht. Der Status quo läßt sich nicht mehr herstellen, das Leid und die Vertreibung der Kosovaren lassen sich nicht mehr ungeschehen machen.

»Aber was hätten wir denn tun sollen – wir konnten doch nicht tatenlos zuschauen?!« Die empörte Frage ist verständlich, aber falsch gestellt; sie nimmt, wie von selbst, die hegemoniale Position des allzuständigen Problemlösers ein. Heute können wir anders fragen: Wäre es schlimmer gekommen, wenn der Westen nichts unternommen hätte? Natürlich ist die Frage nicht zu beantworten. Aber sie gibt zu denken: Auch wenn der Konflikt zwischen Serben und Kosovaren von der Art ist, die sich nur in gewaltsamer Machtprobe lösen läßt – durch Freiheitskampf oder Unterwerfung –, wäre die dabei entfaltete Gewalt nicht die legitimere (moralischere) und weniger destruktive gewesen als unsere Nato-Gewalt von außen und von oben, die nach dem Reziprozitätsprinzip nicht auf uns, sondern auf die wehrlosen Kosovaren zurückschlägt?

Wie immer grausam und »unakzeptabel« – für uns – ein Machtkampf auf dem Balkan, in der Osttürkei, in Afghanistan, in Algerien oder auch in Nordirland sein mag: Die kämpfenden Parteien akzeptieren ihn; für sie ist er ein Akt gemeinsamer Selbstbestimmung. Zur

Selbstbestimmung gehört eben auch, daß Volksgruppen selbst entscheiden, wieviel Gewalt sie – sich unterwerfend oder Widerstand leistend – erdulden oder aufbringen wollen. Als Ergebnis stellen sie selbst fest, wie weit ihr Streben nach Eigenheit durch eigene Macht gedeckt ist. Gerecht für alle Seiten wird dieses Ergebnis nie sein – aber es wird den Machtverhältnissen vor Ort gerecht und ist deshalb in der Regel haltbarer als das von einer fremden Vormacht diktierte.

Nicht zu vergessen ist bei alldem, daß die lokale Selbstregulierung von ethnischen und religiösen Konflikten in der Regel ohne Gewalt auskommt, auch auf dem Balkan. Die Kulturen vor Ort verfügen über einen Erfahrungsschatz von interkulturellen Arrangements, stillschweigenden Vereinbarungen, unsichtbaren Grenzziehungen oder auch, wie György Konrád schreibt, von Erosion und innerer Aufweichung.

Mit unseren Bomben platzen wir nicht nur in traditionelle Muster der Selbstregulierung, für die wir weder Kenntnis noch Verständnis noch Respekt haben, sondern auch in die tastend-hoffnungsvollen Versuche der kleinen Nachbarstaaten, über die selbstregulativen Prozesse von Demokratie und Marktwirtschaft zu einem neuen und jeweils eigenen Weg zu finden – zum Westen und zu sich selbst. Obwohl die Bulgaren, Ungarn, Mazedonier mit Milošević nichts gemein haben wollen, empfinden sie den destruktiv-hegemonialen Gestus der Nato als Erniedrigung und Anschlag auf das eigene Selbstverständnis.

Die Idee der Selbstregulierung von interkulturellen Konflikten als Alternative zur hegemonialen Durchsetzung von Menschenrechten zu akzeptieren, fällt uns schwer. Wir müßten nämlich dann die Gewalt der anderen akzeptieren. Wir müßten akzeptieren, daß Gewalt Probleme löst. Wir müßten akzeptieren, daß Gewalt und Kriege nicht die Schuld einer Seite oder eines Mannes sind, sondern Koprodukte beider Seiten. Wir müßten akzeptieren, daß Menschen sich in ihrer kulturellen Prägung als Ungleiche empfinden und deshalb manchmal nicht mehr miteinander leben wollen.

Um zu diesen Einsichten zu gelangen, müßten wir erst den Panzer des hegemonialen Denkens aufbrechen, in dem unsere Vorstellungswelt gefangen ist. Stärker als der militärisch-politische beherrscht der moralische Dominanzanspruch dieses Denken. Er zeigt sich darin, daß wir Werte wie Gewaltlosigkeit und Gleichheit der Menschen nicht nur für die eigene Kultur verbindlich setzen, sondern auch für andere Kulturen. Folglich können wir es nicht »ertragen«, wenn dort Konflikte mit Gewalt ausgetragen werden und ethnische Gruppen sich trennen wollen. Was wir nicht ertragen können, versuchen wir zu unterbinden – paradoxerweise nun mit eigener Gewalt. So ruft die moralische Dominanz die militärische herbei.

In dieser unheiligen Allianz von militärischem und moralischem Dominanzanspruch muß gerade der moralische Part in Frage gestellt werden. Denn die scheinbar über alles erhabene Weltbürgermoral ist nicht nur die eines bestimmten kulturellen Standorts; sie ist nicht nur ein ausgedünntes Teilstück in der Fülle der moralischen Prozesse; sie zeitigt nicht nur, im Verbund mit einem hegemonialen Durchsetzungsanspruch, perverse Effekte. Sie delegitimiert, verhindert und zerstört auch selbstregulative Prozesse, in denen die Zukunft der

Weltgesellschaft vermutlich besser, zumindest wirklichkeitsnäher aufgehoben ist als in der Vision einer durchsetzbaren einheitlichen Weltmoral. Es geht ohne sie. Auch mit der schlichten Moral des Schutzes für die Schwachen kann man Bedrückten zur Hilfe eilen. Die Risiken sehen wir, in jedem Fall, nach diesem Krieg schärfer.

Europas Einigung
im Krieg

Daß es im Kriege nichts zu lernen gäbe, was nicht schon der Frieden lehrt – dieses Diktum Platos weist auf die untergründige Gleichheit und Wiederkehr der Prozesse und Prinzipien hin, die das soziale Leben im tiefsten Grunde regeln, in welchem Zustand der Erregung es sich auch befinde. Aber jeder Krieg und der ihm folgende Frieden ist auch etwas Noch-nie-Dagewesenes; die Geschichte aller anderen Kriege und Friedenszeiten in sich tragend ist er ein Schritt aus der Geschichte hinaus in eine unbestimmte Zukunft, die morgen als unsere Herkunft bestimmt sein wird.

Kriege bestimmen mit, wie einzelne Menschen und Familien, Staaten, Volksgruppen und Kulturen in Zukunft zusammenleben werden; große Kriege mehr, kleine Kriege weniger. Der Krieg um das Kosovo ist ein großer Krieg – aus der Sicht der zwei Millionen Kosovaren; für sie geht es um Sein oder Nichtsein ihres Volkes und ihrer Kultur. Aus der Sicht von sieben Millionen Serben ist es ein kleinerer Krieg, den sie kaum zu spüren bekämen und bloß als die Zerschlagung einer sezessionistischen Terrororganisation sehen könnten – wäre da nicht die Nato, die mit den Aufständischen gemeinsame Sache macht. Für die Nato ist es ein Minikrieg, sorgfältig eingehegt, mit einem Bruchteil ihrer Kraft von einigen tausend Soldaten geführt, mit Null-Risiko für die rund 770 Millionen Nato-Bürger, die den

Krieg nur als Zuschauer erleben. Auch für 300 Millionen Mittel- und Osteuropäer, über eine Milliarde Muslime von Nordafrika bis Indonesien, 1,2 Milliarden Chinesen und den Rest der Weltbevölkerung ist der Krieg ein Anschauungskrieg, nicht mehr.

»Global«, wie der moderne Mensch die Welt sehen möchte, sind aus dem laufenden Balkankrieg also nicht die großen und weitreichenden Lehren zu erwarten, die Lehrmeister Krieg nur für diejenigen bereit hält, die er in ihrer Existenz erschüttert. Wir haben Glück, daß wir diesmal, wie es scheint, davonkommen, ohne wirklich lernen zu müssen. Das anschauende und anhörende Lernen vor dem Fernseher und hinter der Zeitung ist ein schwaches und wenig nachhaltiges Lernen. Daß es gleichwohl stattfindet, können wir aus dem Grad der Erregung schließen, die die Bilder und Nachrichten vom Balkankrieg in uns hervorrufen. In ihnen melden sich die moralischen Gefühle zu Wort, aus denen das soziale Leben besteht. Werden sie verletzt, reagieren sie mit Empörung. Der Krieg schärft Gefühle für Gut und Böse, für »uns« (die wir die Gefühle teilen) und »sie« (die anders fühlen), für Macht und Ohnmacht, für Erkenntnis und Nichtwissen. Er führt, als europäisch-atlantischer Krieg, Europa an die Grenzen seiner Moral, seiner Zusammengehörigkeit, seiner Macht und seiner Selbsterkenntnis.

So macht er die Konturen einer europäischen Identität sichtbar oder verändert sie gar. Er zeigt, was Europa ist, indem er verdeutlicht, für *welche* Werte es steht, *wer* diese Werte teilt, also dazugehört, *ob und wie* es sich durchsetzt und *was* es von sich selbst weiß oder verdrängt. Und er zeigt diese Identität nicht als etwas vorgegeben Festes, sondern als etwas ständig sich Bildendes.

Von Deutschland aus sind wir gewohnt, den Krieg auf dem Balkan in einem europäischen Blickwinkel zu sehen. Nicht daß es überhaupt Krieg gibt, sondern daß es ihn hier und heute gibt, »hier, vor unserer Haustür« oder »hier, mitten in Europa«; »heute, am Ausgang dieses Jahrhunderts«, verstört und empört uns. Und auch der Aufruf, den Krieg zu führen, wird aus europäischer Perspektive begründet: »Wir als Europäer können nicht zusehen, wie hier in Europa, an der Schwelle zum dritten Jahrtausend, die Menschenrechte mit Füßen getreten werden.«.

Hinter dieser Art zu sprechen steht eine Vorstellung von dem, was Europa ist. Nüchtern und sachlich, so können wir annehmen, bezieht sie sich auf die europäische Wirtschaftsgemeinschaft, auf die politische Union und auf die gemeinsame Verteidigung im Rahmen des Nordatlantikpakts. Zu diesen modernen Formen ökonomischer, politischer und militärischer Integration paßt der Krieg auf dem Balkan wie die Faust aufs Auge. Erst recht steht er in Widerspruch zu Europa als einer moralischen Idee.

Daß die Identität Europas in einer solchen Idee – und nicht in sogenannten Sachfragen oder in einem geographischen Raum – gründe, kann heute als Konsens aller Gebildeten gelten. Europa: Das ist die Idee der Einheit in der Vielfalt der Kulturen. Damit fangen allerdings erst die Fragen an: Ist dies nun eine besondere paradoxe Identität? Oder ist die Übereinstimmung hinter dem Unterschiedlichen der Wesenskern jedweder Identität? Oder ist es das Wesen Europas, der Ort ohne Identität

zu sein? »Der Ort und seine Grenzen liegen da, wo es
keine Traditionen mehr gibt, die auf die Deutung des
Lebens in seiner Ganzheit im Rahmen eines allgemei-
nen Konsenses Anspruch erheben könnten«, schreibt
der ungarische Philosoph Tamás Miklós. Aber einen
Ort ohne Herkunft – und entsprechend ohne Zukunft – gibt es nicht. Europa, so die berühmte Defi-
nition von Ernest Renan, wurde »geboren aus dem
griechischen Wunder, wurde groß mit der griechisch-
römischen Kultur, erlebte eine Renaissance und ist
christlich«. Das Besondere Europas gegenüber anderen
Kulturen liegt, wie Rémi Brague argumentiert, in seinen
Renaissancen, das heißt in seinen Brüchen und Wieder-
aufnahmen, immer getragen von einem Bewußtsein der
»kulturellen Zweitrangigkeit«: dem Wissen, vor sich
etwas anderes, Früheres zu haben (*Europa. Eine exzen-
trische Identität*, Frankfurt/New York/Paris 1993).

Wo es eine Herkunft gibt, gibt es auch eine Zukunft.
Wie kann aus der Vielfalt der Kulturen, deren Einheit in
der europäischen Geschichte ja eine überaus gewaltsame und kriegerische war, friedliches Zusammenleben
entspringen? Die Idee dazu stammt aus dem Europa der
Aufklärung, des Idealismus und der Romantik. Als Zu-
kunftsvision prägt sie auch das heutige Selbstverständnis Europas: »Europäische Identität bedeutet Anerkennung einer Gleichrangigkeit und Gleichwertigkeit aller
Kulturen: Es ist die Fähigkeit, mit anderen zusammen-
zuleben und sich dank ihrer Werte zu bereichern«, for-
mulierte der Präsident der Republik Polen Aleksander
Kwasniewski (*FAZ*, 5. November 1997).
Der Idee der Gleichwertigkeit der Kulturen entspricht, auf der individuellen Ebene, die der Gleichwer-

tigkeit aller Menschen. Sie begründet die Menschenrechte – ebenfalls eine europäisch-atlantische Errungenschaft. Die Sache hat nur einen Haken: Wenn die
Idee der Gleichrangigkeit der Kulturen wie der Menschen die Identität Europas auszeichnet, Europa also
von anderen Kulturen unterscheidet, dann sind diese,
weil sie den Wert der Gleichrangigkeit nicht genauso
hochhalten, weniger wert. Die Betonung des Wertes der
Gleichwertigkeit schafft soziale Ungleichwertigkeit.
Europa, wie jedes soziale Gebilde, kann eine eigene
Identität nur dadurch gewinnen, daß es sich von andern
Kulturen unterscheidet – und diese zugleich abwertet.
Aus dem Werten als einem Grundprozeß sozialen Lebens, der immer zugleich eine *Präferenz für das Eigene*
und ein Abwerten des anderen enthält, gibt es kein Ent-
rinnen. »Der wahre Unterschied (zwischen Europa und
den andern)«, befand deshalb John Eric Hobsbawm,
»ist nicht geographisch. Er ist auch nicht unbedingt
ideologisch. Es ist der Blick abwärts von den Höhen derer, die sich als ›besser‹, das heißt meist als geistig und
kulturell oder sogar biologisch überlegen betrachten«
(*Die Zeit*, 4. Oktober 1996). In gewissem Maße mag
dieses Überlegenheitsgefühl jeder kollektiven Identität
eignen. Gleichwohl erscheint die – im Prinzip empi-
risch prüfbare – These, daß der Westen sich durch seinen besonderen Hochmut auszeichnet, alles andere als
gewagt.

Damit werden wir auf die wenig schmeichelhafte,
unerwünschte und deshalb von den Europäern selbst in
der Regel »vergessene« Kehrseite der europäischen
Identität aufmerksam gemacht. Zusammen mit der
hoch geschätzten Idee der Gleichwertigkeit der Men-

schen und Kulturen, aus der der Wert der Toleranz und
des friedlichen Zusammenlebens folgt, bildet der Über-
legenheitsanspruch zwei Seiten einer Moral des Okzidents, die im Krieg um das Kosovo in aller Deutlichkeit
zutage treten. Auf der einen Seite wird dieser Krieg vom
Westen für das gleichberechtigte Zusammenleben ver-
schiedener Kulturen in einem multiethnischen Staat
Serbien geführt. Auf der anderen Seite tritt diese Moral
mit einem solchen Selbstverständnis ihrer eigenen
Überlegenheit auf, daß sie von außen den zerstrittenen
Volksgruppen ein Zusammenleben diktieren zu können glaubt, das diese selbst längst aufgekündigt haben.

Was wir hier erleben, ist ein Europa an den Grenzen
seiner Moral. Die Grenzen werden nicht von außen gesetzt. Sie entstehen aus Gegenbewegungen in den moralischen Gefühlen selbst. Diese Gefühle scheinen zunächst so eindeutig zu sein wie selten. Sie beziehen sich,
positiv, auf die Werte der Gleichrangigkeit, der Autonomie und der Friedlichkeit. Sie entrüsten sich über die
Verletzung dieser Werte in gewaltsamer Unterdrük-
kung und Vertreibung. Aber in der Erwiderung darauf,
im Luftkrieg der Nato gegen Serbien, gebraucht nun
der Westen seinerseits Gewalt und versucht dem Gegner seinen Willen von oben herab aufzuzwingen. Die
Art seines Handelns widerspricht den Werten der
Gleichrangigkeit und Autonomie. Die verletzten moralischen Gefühle wenden sich gegen ihn selbst. Der
Durchsetzung einer Moral der Gleichheit und Freiheit
sind Grenzen gesetzt durch die unwillkürlich wirken-
den moralischen Regelungsprinzipien, denen alles soziale Leben unterliegt: der Präferenz für das Eigene und
der Reziprozität.

Angesichts der Vielfalt, Widersprüchlichkeit und Tiefenschichtung moralischer Vorstellungen kann kein soziales Gebilde seine Identität auf moralische Gefühle allein gründen. Es braucht äußere Anhaltspunkte, Grenzen, die besagen, wer dazugehört und wer nicht. Diese erscheinen oft als geographisch-territoriale. Aber staatliche Grenzen, Zäune, Schlagbäume und Warntafeln sind allenfalls Symbole. In ihrem Innersten, in ihrer Entstehungsgeschichte wie in ihrer Bewegung sind alle sozialen Grenzen moralische Grenzen. Sie entstehen und verändern sich dadurch, daß ein kleinerer oder größerer Kreis von Menschen auf ein Ereignis wie den Kosovo-Krieg mit den gleichen moralischen Gefühlen reagiert – und sich damit, willkürlich oder unwillkürlich, von denjenigen abgrenzt, die diese Gefühle nicht teilen.

Geteilte moralische Gefühle sind die grundlegende Bewegungskraft allen sozialen Lebens. Die Identität Europas kann sich nur durch Teilung von moralischen Gefühlen ergeben, im doppelten Sinn des Wortes *teilen*: mit den einen etwas gemeinsam haben, was zugleich unweigerlich von anderen trennt. »Europa«, schreibt Rémi Brague, »erhält man nicht durch eine Vereinigung, obwohl deren ökonomische und politische Umsetzung – mehr schlecht als recht – im Entstehen begriffen ist, sondern um den Preis einer Trennung, die Europa von dem scheidet, was es nicht ist (a. a. O., S. 10).

Was Europa ist, läßt sich schwerer sagen, als was es nicht ist. Und auch was Europa moralisch nicht ist – nicht sein soll –, läßt sich am grünen Tisch der Theoretiker leichter verhandeln, als in den moralische Empfindungen der Vielen verankern. Die Bilder des Krieges leisten das wie von selbst: Gewalt, Unterdrückung, Vertreibung – das ist Europa *nicht*. Genauer: Das soll es nicht mehr sein. Das Geschehen allein mobilisiert unsere moralischen Gefühle – aber noch nicht genug. Es muß auch zugeschrieben werden: Wer ist dafür verantwortlich, wer billigt es, wer trägt es mit? Erst wenn wir das moralische Nicht-Europa verkörpert haben, können wir es richtig, sinnlich von uns abtrennen und ausgrenzen.

Die Bilder von Krieg und Vertreibung allein, so deutlich und furchtbar ihre Sprache sein mag, nehmen uns die Arbeit nicht ab. Wir müssen mit ihnen arbeiten, sie interpretieren: Serben sind die Übeltäter, aber nicht alle Serben; in erster Linie die polizeilichen und paramilitärischen Sonderkommandos. Dahinter gibt es die Befehlshaber, allen voran Staatschef Milošević. Damit er zum Außenseiter des moralischen Europa werden kann, müssen wir uns genau die Informationen über ihn beschaffen, die sein Handeln erklärlich machen: Er ist gerissen, skrupellos, geht über Leichen; er ist der Antidemokrat, dem es nur um Macht und Privilegien für sich und seinen Clan geht; sein Volk ist ihm egal, er isoliert es, führt es ins Verderben, das auch sein eigenes Verderben sein wird. Seine Bosheit und Gefährlichkeit sind bewiesen, weil er auch für die früheren Balkankriege und Verbrechen verantwortlich ist. Er wird auch nicht ruhen, weitere Kriege anzuzetteln, wenn man ihm jetzt nicht das Handwerk legt. Denn nur durch Krieg kann er sich an der Macht halten. Er hält nie Wort.

Erklärlich ist dies alles durch eine persönliche Pathologie: Beide Eltern haben sich das Leben genommen. Wie böse und verblendet er ist, zeigt sich daran, daß er

mit einem einzigen Wort und Federstrich allem Elend
seines Volkes ein Ende setzen und es in die Völkerge-
meinschaft zurückführen könnte: Er brauchte nur ja zu
sagen zu den fünf Punkten des Vertrages von Rambouillet. Wie gut wir sind, zeigt sich daran, daß wir
nichts lieber wollen als den Krieg beenden, den Serben
vergeben, sie großzügig mit einem Marshallplan unterstützen, sie in den Kreis Europas wieder aufnehmen, sie
von ihrem großserbischen Macht- und Leidenswahn
erlösen. Dies sind keine leeren Worte. So aufrichtig, wie
wir nur sein können, geben sie unsere moralischen Gefühle wieder.

Das serbische Volk und sein Führer: Sie haben sich
als Europas Sündenbock angeboten. Wir haben das An-
gebot dankend angenommen. Wir sind dankbar, daß
wir nicht sind wie jene dort. Und sollte es Reste des
Nichteuropäischen in unserer eigenen europäischen
Mitte noch geben – Verstöße gegen die Gleichwertigkeit der Menschen, ethnische Diskriminierung, Vertreibungen, Gewalt oder Schuldgefühle wegen früherer
Verstöße –, dann können wir es jetzt veräußern, an den
Prügelknaben. Projektion von Schuld und Strafe nennen es die Psychoanalytiker. Lange vor der europäischen Institution der Psychoanalyse gab es schon den
Sündenbock, ebenfalls als europäische Institution:
Hatte der Sohn des Fürsten etwas verbrochen, dann be-
zog nicht er, der künftige Herrscher, sondern an seiner
Stelle ein Page, manchmal sein Freund, die Prügel. Der
Unterschied zu den modernen Gesellschaften ist nur
der: Damals durchschauten alle Beteiligten den Mechanismus und seinen Sinn.

Der Sinn des Sündenbocks für die Bildung von Ge-

meinschaft kann gar nicht überschätzt werden. Aus der
Vielfalt und Widersprüchlichkeit der moralischen Gefühle zieht er die negativen Anteile auf sich und verkörpert sie in greifbarer und angreifbarer Anschaulichkeit.
Er gerät damit zugleich außerhalb der Gemeinschaft
und bleibt doch in ihr drin. Er ist ihr zu Diensten: Denn
die Gemeinschaft, von den unguten Anteilen ihrer moralischen Gefühle zeitweise befreit, kann sich nun als
ungeteilt gute empfinden.

Die Frage ist nicht nur, wie nachhaltig dieses Gemeinschaftserlebnis ist, sondern auch, wie weit es
reicht. Angesichts der Vielfalt der nationalen, religiösen, sprachlichen Kulturen, für die Europa steht, grenzt
es fast an ein Wunder, wenn ein Konflikt nicht eine Vielzahl von Gemeinschaften gegeneinander aufbringt oder
zwei große Lager polarisiert, sondern weitgehend einheitliche moralische Gefühle gegen einen Sündenbock
mobilisiert. So gesehen ist die moralische Isolierung
Serbiens eine ungewöhnliche Leistung – wenn man sie
denn überhaupt als das Resultat einer Intention und
nicht als ein spontanes Ereignis ansehen will. Der Konflikt zeigt zunächst einmal, daß sich der serbische Nationalismus und der Supranationalismus der Nato gegenseitig bestärken: Wenn es denn richtig ist, daß
Milošević, wie ihm vom Westen vorgeworfen wird, den
Krieg braucht, um die serbische Gesellschaft hinter sich
zusammenzuhalten, dann braucht die Nato den Krieg,
um ihre eigene Gemeinschaftlichkeit zu erproben und
zu befördern. Das Ergebnis ist erstaunlich, wenn man
bedenkt, daß England und Frankreich, die traditionellen Verbündeten der Serben, nun gemeinsam mit dem
Traditionsfeind aller drei, Deutschland, und den neuen

Nato-Mitgliedern, darunter Serbiens unmittelbarer Nachbar Ungarn, gegen den Sündenbock Front machen.

Noch erstaunlicher ist es, daß der Sündenbock auch von den Nicht-Nato-Mitgliedern und slawischen und orthodoxen Brüdern nicht in Schutz genommen wird. Die Distanzierung der Russen, Bulgaren, Griechen von den Serben zeigt indessen weniger eine moralische Solidarität mit dem Westen als spezifische ökonomische und militärische Interessenbindungen nach Westen an.

Schaut man allerdings auf die Bewegungen der geteilten moralischen Gefühle unterhalb der Ebene der offiziellen Allianzen und Deklarationen, dann läßt sich die ganze Fülle, Vielgestaltigkeit und Differenzierung der innereuropäischen Gemeinschaftsbindungen zumindest erahnen. Sie gründen sich auf geteilte religiöse Gefühle wie etwa zwischen Griechen und Serben, auf Nachbarschaft, Waffenbrüderschaft, gemeinsame Feinde, slawische Sprachverwandtschaft, geteilte Aversion gegen das hegemoniale Auftrumpfen der USA, geteilte Erinnerung an sowjetische Unterdrückung, geteiltes Schicksal der kleinen Staaten, aber auch bleibende Verbundenheit zwischen kleinen slawischen Nationen und der großen russischen Schutzmacht. All diese Gefühlsbindungen, nicht zu vergessen Interessen, ebenso wie die unterschiedlichen Einstellungen und Interessen der Nato-Länder zum Krieg, machen den europäischen Zusammenhalt gegenüber dem Sündenbock Serbien zu einem prekären Geflecht, das mit jeder Bewegung des Krieges an der einen oder anderen Stelle zu reißen droht oder neu geknüpft wird. Gleichwohl, in diesem Krieg ist Serbien auf sich allein gestellt.

Wo steht es in Europa? Steht der Sündenbock, als Außenseiter, am östlichen Rand? Oder gehört er, als Prügelknabe, mitten hinein? Für das erstere spricht, daß die Bestrafung des Übeltäters nur aus dem Westen kommt, wo auch die Empörung über seine Verbrechen am größten ist; nach Osten hin läßt sie merklich nach. Andererseits findet er auch im Osten keinen einzigen Verbündeten mehr. Die traditionellen Verbundenheiten durch kulturelle Nähe und Interessen, die natürlich nach wie vor bestehen, sind nicht stark genug, um die moralische Isolierung des Landes zu durchbrechen. Die russischen Vermittlungsbemühungen dokumentieren diese Isolation eher, als daß sie sie dementieren. Durch das Eingreifen in den Kosovo-Krieg ist nicht nur der Westen dem Südosten Europas – wieder – näher getreten. Es hat sich auch eine, sei es dünne, Schicht geteilter moralischer Gefühle über ganz Europa ausgedehnt. Unterhalb derer wird allerdings eine starke Gegenströmung von Ost nach West gegen den Dominanzanspruch des Westens, insbesondere der USA, spürbar. Sicher findet sie den meisten Zufluß in den östlichen Ländern. Ihre Quellen sprudeln aber seit jeher auch in Frankreich. In Deutschland zeigt sich im Verlauf dieses Kriegs eine zunehmende Distanzierung vom Kriegsherrn USA. Offiziell ist die euro-atlantische Waffenbrüderschaft unverbrüchlich. Unterderhand aber, im Reich der kollektiven Gefühle, grenzt Europa sich gegen Amerika ab.

Mit dem Kosovo-Krieg hat der Westen die Grenzen seiner moralischen Gefühle nach Osten verschoben – ohne damit an seine Außengrenzen gelangt zu sein oder sie klarer zu sehen. Aus den Angriffen auf Serbien kann

schnell eine Umarmung werden. Es kann seine Rolle
als Sündenbock um so leichter loswerden, als diese
nicht der Gesellschaft insgesamt, sondern der Person
Miloševićs zugeschrieben, also noch einmal individua-
lisiert ist. Der Sündenbock im Sündenbock steht bereit,
um, stürzend und getreten werdend, kollektive Schuld
individuell zu sühnen. Mit den Anklagen des Haager
Uno-Gerichtshofs gegen Milošević und seine Regierung ist der Weg dahin gewiesen. Der Sünder Serbien,
von seinem Übel Milošević befreit, kann in den Kreis
der moralisch Rechtschaffenen wieder aufgenommen
werden. Für Europa, wie für jede Gruppe, gilt: Es
gibt kein größeres Gruppenglück als wiederherge-
stellte oder neu gewonnene Übereinstimmung nach der
Rückkehr des verlorenen Sohnes. Ob er sich vom Prügelknaben zum Musterknaben wandelt oder in seine
alte Rolle zurückfällt oder eine Weile unschlüssig am
Rand bleibt, läßt sich nicht voraussagen. Die Frage, wo
Europa im Osten endet, bleibt weiterhin offen.

Ebenso unscharf wie im slawisch-orthodoxen Osten
verlaufen Europas Grenzen im muslimischen Südosten.
Der türkische Schriftsteller Orhan Pamuk beschreibt,
zurückblickend, wie stark in der wohlhabenden Istanbuler Bourgeoisie die kulturellen Grenzen zwischen
Ost und West verwischt waren: »Zucker- und Opferfest (Seker Bayram, Kurban Bayram) sind offenbar rein
religiöse Feste, sind etwas, was die Tradition und die
Vergangenheit mit dem Heute verbinden soll. Doch
meine ganze Kindheit hindurch habe ich beide als Feste
unter den Zeichen der Modernität und der Verwestlichung erlebt, nicht aber auf die Tradition und den Islam
bezogen. In den Kreisen der gehobenen Mittelklasse

von Istanbul, in denen ich aufgewachsen bin ..., in dieser verwestlichten, kosmopolitischen Stadt wurde während des Opferfestes nicht das Opfer, sondern das Fest betont. Und da es ein Fest ist, wurde die förmliche westliche Kleidung mit Jackett und Krawatte angelegt, wurde Likör gereicht und getrunken, obwohl der Islam den Alkohol verbietet. Das mit der Wunschvorstellung einer westlich-modernisierten Familie an der langen Tafel meiner Großmutter veranstaltete Festmahl, das auf importiertem Porzellan serviert wurde, zu dem Frauen, Männer, Verwandte und Bekannte mit Schmuck und parfümduftend in ihrer schönsten, ganz und gar westlichen Kleidung erschienen, hatte für mich kaum etwas mit einer islamischen Feier zu tun, eher schon mit einer Szene aus den *Buddenbrooks* von Thomas Mann« (*FAZ*, 16. April 1999).

Heute dagegen, in den ersten Kriegstagen des Jahres 1999, die mit dem Opferfest zusammenfielen, konstatiert der Dichter bei seinen Verwandtenbesuchen: Krawatten, Jacketts und Europasehnsucht der Festmähler sind verschwunden. Verbittert und zornig haben gerade die Onkel und Tanten, die sich früher voll Stolz als Menschen des Westens sahen, die Hoffnung aufgegeben, ein Teil Europas zu sein. Die sonst gütigen, jetzt grimmigen Alten vor den Fernsehern ebenso wie die Reichen in mittleren Jahren – »sie alle verwünschten Europa und den Westen wie aus einem Mund«.

Verwundert reiben wir uns die Augen: Lesen wir richtig? Es ist doch der Westen, der für die Muslime des Kosovo eintritt und seine Einsätze fliegt! Indem er sich ihre Sache zu eigen macht, zeigt er, daß ihm religiöse Zugehörigkeit nicht wichtig ist. Er kämpft für Men-

schenrechte schlechthin. Das heißt aber auch, in diesem
Falle: für das Heimatrecht von Muslimen in Europa!
Nach den elementaren Gesetzen der Reziprozität ge-
bührt ihm dafür der Dank der Muslime. Und in der Tat,
wie Pamuk ebenfalls berichtet, erscheinen in der türkischen Öffentlichkeit auch dankbare und achtungsvolle
Erklärungen: »Bravo für die Amerikaner, die, obwohl
sie Christen sind, den Muslimen zur Seite stehen!«

   Je mehr der Kosovo-Konflikt als ein Kampf der religiösen Kulturen interpretiert wird, desto mehr weicht
er die Grenzziehungen zwischen Muslimen und West-
Christen auf, da diese sich doch zu Verbündeten und
Beschützern der Kosovo-Muslime machen. Aber auch
bei den aufgeklärten Eliten beider Seiten, die sich selbst
über alle religiösen Bindungen erhaben glauben, stellt
sich eine Annäherung ein, die unterschwellig religiösen
Charakter annimmt: Das kriegerische Eintreten für die
Muslime gibt den säkularen Eliten des Westens die Be-
stätigung und Genugtuung, wirklich ohne Ansehen der
Religion zu handeln und ist für ihr eigenes Selbstverständnis, für eine »transkulturelle« oder »akulturelle
Identität« viel mehr wert, als es ein Krieg *gegen* Muslime wäre. Den westlich orientierten orientalischen Eliten wiederum verschafft der Nato-Krieg für die Kosovo-Muslime die Genugtuung, daß die westliche
Militärmacht nicht automatisch gegen islamische Länder mobil macht – wie man nach den Schlägen gegen
Libyen und den Irak und angesichts der Dauerunter-
stützung Israels glauben konnte –, aber zugunsten von
Muslimen keine Hand rührt, wie es in Bosnien zunächst den Anschein hatte. Der Kosovo-Krieg stärkt
somit die Westbindung der westlich orientierten Füh-

rungsgruppen in islamischen Ländern ebenso wie ihre Legitimität im eigenen Volk, die ihr sowohl von Fundamentalisten wie von modernen Diktatoren streitig gemacht wird. Gaddafi, Saddam Hussein und Chatami dagegen sind, wie das türkische Boulevard-Blatt *Die Zornige* schreibt, »die Schande des Islam! Sie haben sich auf die Seite der Muslime metzelnden Serben gestellt!«

Warum werden aber gerade in der Türkei die vom Nato-Krieg gestifteten west-östlichen Verbundenheitsgefühle von einer Abneigung, ja Verbitterung gegenüber dem Westen überdeckt, wie aus Istanbul berichtet wird? Aus verschmähter Liebe. Als der Westen vor anderthalb Jahren die Hoffnungen der Türken auf eine Mitgliedschaft in der Europäischen Union enttäuschte, »setzte im ganzen Land eine intensive Europa-Feindschaft ein«. Daß die Europäer die Ablehnung der Türkei mit dem Vorwurf begründeten, dort müßten erst die Kurdenfrage beantwortet und die Menschenrechte geachtet werden, verschlimmerte die Dinge. Daß heute ebenfalls die Menschenrechte berufen werden, um den Nato-Krieg gegen die Serben zu begründen, macht diesen, in der untrüglichen Logik der Gefühle, auch zu einem Krieg gegen die Türken.

Die verwestlichte türkische Mittelklasse, als Grenzgänger zwischen den Kulturen, spürt dies schmerzlicher als das einfache Volk. Für dieses mögen die Bomben auf Serbien, wenn es davon hört, von Fremden kommen, deren Fremdheit, Unverständlichkeit und Ablehnung selbstverständlich gegeben sind. Für die kosmopolitischen Istanbuler aber kommen die Bomben aus einer nahen Welt, die man sich individuell längst zu eigen gemacht hat und in die man auch mit seiner größeren kollektiven Identität, als Türkei, hineinstrebt. Auch wenn man die offizielle Unterdrückungspolitik gegen die Kurden nicht mitträgt und mehr Demokratie und Gedankenfreiheit fordert, macht das die eigene Lage nicht besser, im Gegenteil: Es führt vor Augen, wie ohnmächtig man nach beiden Seiten ist. Und es weckt Groll nach beiden Seiten, zu Recht: Denn gerade die nach Westen strebenden türkischen Intellektuellen erkennen, daß die moralisch-universalistischen Forderungen des Westens – Gedankenfreiheit, Autonomie! – den Nationalismus der Kurden ebenso wie den gegenläufigen türkischen Nationalismus schüren. Und dieser profiliert sich nicht nur gegen die Kurden, sondern auch gegen den Westen.

Der türkische Nationalismus wird nicht einfach von den Türken »gemacht«, sondern ist ein Koprodukt aus westlicher Anmaßung und türkischer Erwiderung. Er zerreibt die fruchtbare Zwischenzone zwischen den Kulturen, denen die Istanbuler Bourgeoisie ihren Reichtum und ihr kosmopolitisches Selbstverständnis verdankt. Das Feld, auf dem sich die Kulturen einst weitläufig durchdrangen, verdünnt sich zu einer schmalen Grenze: wenn nicht zwischen Freund und Feind, so doch zwischen »uns hier drinnen« und »euch dort draußen«. So ungeliebt diese Grenze ist – wie sollte man sich ihr entziehen? Deutsche, Franzosen, Griechen können die Istanbuler nicht werden. Sie werden auf die Türkei zurückverwiesen. »Das eigentlich Erschütternde«, schreibt der noch junge Orhan Pamuk, »sind die Onkel und Opas, die früher ständig von Europa sprachen und dabei auch die europäische Literatur, Musik und Kunst nicht vergaßen, sich jetzt aber im hohen Alter diese nationalistische Feindschaft dem Westen gegenüber und teilweise auch die islamische Rhetorik zu eigen machen.«

Noch in einer anderen Weise erregt der Krieg des Westens *zugunsten* der Muslime im Kosovo die Gefühle der muslimischen Welt *gegen* den Westen. Dies hängt mit der Art der Kriegsführung zusammen und mit den Resultaten, die bisher sichtbar sind. Der Krieg von oben, wie ihn die Nato führt, demonstriert und symbolisiert die technologische Überlegenheit des Westens: Er zerstört das Land des Gegners, ohne ihm eine Chance zur Verteidigung zu lassen. Er demonstriert zudem den Anspruch einer moralischen Überlegenheit: Indem er ein Krieg ohne menschliche Opfer sein soll, hebt er sich ab von dem scheinbar archaischen Gemetzel »der da unten«, deren Bestialität immer wieder zur Rechtfertigung des Krieges gegen sie betont wird und die somit auch moralisch ganz unten erscheinen. Der Krieg der Nato ist schließlich ein Krieg, der den Kampf meidet wie die Pest, denn dieser Kampf von gleich zu gleich, auf dem Boden, würde ja Opfer fordern. Er wird dem Gegner verweigert.

Diesen hegemonialen Gestus der militärischen *und* der moralischen Erniedrigung aber haben nahezu alle muslimischen Gesellschaften leidend erlebt. Sie kennen das Brandmal, das der imperiale Westen jetzt den Serben aufdrückt, vom eigenen Leib. Daher gibt es, bei aller Ablehnung der Serben, auch eine unterschwellige Übereinstimmung mit ihnen. Die Koalition des geteilten Leides reicht weiter als von Gaddafi und Hussein zu Milošević. Es ist eine Gefühlsgemeinschaft aller Unterdrückten gegen den Hegemonen – mögen sie auch zeit-

weise unter seinem Schutz stehen oder in seinen
Schutzbereich streben.

Viel folgenschwerer als das Muster der hegemonialen
Kriegsführung ist ihr Ergebnis: Ihr Ideal, keine Opfer
zu bringen, verbietet ihr, sich schützend vor diejenigen
zu stellen, die sie zu schützen vorgibt. Den Opferzug
der Kosovaren stoppt sie nicht. Ihn sehen nicht nur die
Verwandten von Orhan Pamuk, sondern die Muslime
überall in der Welt, wo es Fernsehen gibt, seit drei Mo-
naten, Tag für Tag: ein nicht enden wollender Strom des
Elends von fliehenden und vertriebenen Muslimen.
Vertrieben werden sie aus ihrer europäischen Heimat.
Und dies unter dem Schirm der Nato! Was vom Westen
als Schutzschirm für die muslimischen Kosovaren erklärt wird, erweist sich vor den Augen der muslimischen Welt – und nicht nur vor ihren Augen – als ein
Schutzschild für ihre Vertreibung.

Die muslimische Welt hat Augen zu sehen. Was sie
sieht, vergleicht sie mit dem, was sie hört. Und beides
interpretiert sie in den Mustern, auf die sie, wie jede
Kultur, zurückgreifen kann. Im Verhältnis der Muslime
zum christlichen Westen ist eins dieser Muster die Ver-
schwörung: Die moralischen und militärischen Impe-
rien des Westens, die schon immer mit Engelszungen zu
den Muslimen geredet, aber anders gehandelt haben,
haben sich hinter deren Rücken gegen die Rechtgläubi-
gen verschworen. Daß der Westen ihnen technologisch
und ökonomisch überlegen ist, spricht dafür, daß er es
auch im politischen Macht- und Ränkespiel ist.

Haben die Muslime nicht recht? Wie sonst ist es zu
erklären, daß die größte Militärmacht der Welt in einem
nun schon drei Monate dauernden Krieg ihr erklärtes

Ziel, die Vertreibung der Kosovaren zu stoppen und einen multiethnischen Kosovo zu erhalten, nicht nur nicht erreicht hat, sondern ihm immer ferner gerückt ist? Liegt es an der Stärke und Gefährlichkeit des Gegners? Das wird im Ernst niemand behaupten wollen. Nicht nur, daß die Serben moralisch isoliert sind – sie sind auch militärisch machtlos: Sie haben, wenn man den Meldungen glauben darf, der den Luftkrieg führenden Nato bisher keine menschlichen und nur unbedeutende Materialverluste zugefügt. Eine andere Art der Kriegsführung aber, die die Vertreibung um den Preis von Bodentruppen und eigenen Opfern aufhalten könnte, scheut die Nato. Eigene Menschenopfer sind die Menschenrechte der Muslime den Europäern nicht wert.

Die Schwäche der Serben zeigt sich auch darin, daß sie seit Beginn der Balkankriege dieses Jahrzehnts von Niederlage zu Niederlage eilen. Sie erreichen ihre Kriegsziele ebensowenig wie die Nato. Dies ließe sich, als eine Pattsituation, leicht erklären, wären die Kriegsziele beider Seiten entgegengesetzt. Dem ist aber nicht so. Im Gegenteil: Von Anfang an verfolgten die Serben und der Westen genau das gleiche Kriegsziel. Sie waren sich einig. Sie teilten das Ziel eines multikulturellen Staates. Für die Jugoslawen bedeutete dies: Erhaltung des Bestehenden. Für den Westen enthielt es sogar mehr: die Vision einer Staatenwelt, die nicht mehr von Nationalismen auseinandergerissen, sondern vom Weltbürgertum freier und gleicher Individuen zusammengehalten wird. Es waren, vor dem Hintergrund des zerfallenden sowjetischen Reiches, die nationalen Bewegungen der Slowenen, Kroaten, Mazedonier, Bos-

niaken und jetzt der Albaner – also der Kleinen und
Schwachen –, die der jugoslawischen Realität und der
okzidentalen Vision des multinationalen Staates den
Garaus machten – gegen die vereinten und erklärten
Ziele und Interessen des lokalen Hegemonen Serbien
und des globalen Hegemonen Nato.

Die Macht der nationalen Bewegungen erkannten,
merkwürdigerweise, die Deutschen als erste. Sie erkannten sie schlafwandlerisch, ohne Bewußtsein. Liegt
es daran, daß sie zur selben Zeit, geradezu blitzartig,
eine nationale Erhebung und Vereinigung – »Wir sind
das Volk, wir sind ein Volk!« riefen die Leipziger – erlebten? Jedenfalls wird demselben Außenminister Gen-
scher, der Geburtshelfer der deutschen Einheit war,
noch heute vorgeworfen, daß er, den westlichen Alliier-
ten vorgreifend, im Eilverfahren die staatliche Anerkennung Sloweniens und Kroatiens betrieb und damit
die balkanischen Nationalismen ermutigte, wenn nicht
hervorbrachte. Ungeachtet der praktischen Unterstützung einer nationalen Selbstbestimmung bzw. Sezession behielt die deutsche Politik ihr Selbstverständnis
bei, für einen pluriethnischen Staat einzutreten. Das
gleiche gilt für die Serben. Während sie sich selbst –
Jugoslawien – immer noch als einen multikulturellen
Staat sehen und propagieren, haben sie faktisch ihre
Kriegsziele revidiert: In Reaktion, ja in Resignation auf
die Gewalt der sezessionistischen Nationalismen, zuletzt der Bosniaken und Kosovaren, betreiben sie nun
selbst, mit den Mitteln der Vertreibung, eine gewaltsame Umwandlung ihres multikulturellen Staates zu einem nationalen; in ihm wären die politischen Grenzen
von den Grenzen kultureller Zugehörigkeitsgefühle ge-

deckt und somit stabilisiert. Der Kosovo war instabil, weil die große Mehrheit der Kosovaren sich dem serbischen Staat kulturell nicht zugehörig fühlte.

Die drei möglichen Lösungen für dieses Problem hat Serbien der Welt nun der Reihe nach vorgeführt: zuerst die Autonomie innerhalb eines serbischen Staatsverbandes, die aber unter der Wucht der demographischen Vergrößerung des albanischen Bevölkerungsanteils, seiner Orientierung an den vorbildhaften Nationsbildungen in den Nachbarstaaten und der westlichen Unterstützung durch den modernen Wert der »Selbstbestimmung« in eine Sezession zu münden drohte. Daraufhin den Entzug der Autonomie und die Repression. Und schließlich, als Reaktion auf die kosovarische Befreiungsbewegung und den Luftkrieg der Nato, die Vertreibung der kosovarischen Bevölkerung mit dem Ziel, die Mehrheitsverhältnisse umzukehren, so daß die – auch nach westlicher Ansicht – politische Zugehörigkeit des Kosovo zu Serbien durch kulturelle Zugehörigkeit qua Bevölkerungsmehrheit abgestützt wird.

Vielleicht wird es so kommen. Vielleicht wird aber auch die Nato das Kosovo für die Kosovaren zurückerobern. Oder das Kosovo wird in einen serbischen und einen albanischen Teil zertrennt. In keinem Fall aber wird es, dem ursprünglichen Konzept Jugoslawiens wie des Westens entsprechend, an dem die Nato noch immer hängt, multikulturell bleiben. Von gemeinsamen Zielen ist nur noch die Gemeinsamkeit im Zerstören übriggeblieben. Das einzig Konstruktive, das die Serben und die Nato, im Krieg miteinander, also ebenfalls gemeinsam, leisten, ist die Stärkung eines Nationalismus, den sie doch beide bekämpfen bis aufs Messer.

Welche Macht ist es, die stärker ist als die des lokalen und des globalen Hegemons zusammen, stärker sogar als der Krieg? Ist es, wie man oft hört, die Macht der Geschichte, die auf dem Balkan ihre Wiederkehr feiert? Dann wäre es die Macht der jüngsten Geschichte über die ältere. Denn die Idee und Konstruktion des nationalen Staates ist viel jüngeren Datums als die des ottomanischen und Habsburger Reiches, in denen sich Multikulturalität und Toleranz als praktizierte Lebensformen ausbildeten. Die multikulturelle Untergliederung der Staaten in mehrere Völker mit quasi eigenen Territorien ist eine vormoderne Errungenschaft, die der modernen demokratischen Idee der Volkssouveränität zum Opfer fällt. Denn die Selbstregierung des Volkes setzt Grenzen und Identität des Volkes voraus: eine – ethnische oder ideelle, auf alle Fälle kulturelle – Übereinstimmung darüber, wer dazugehört und wer nicht. Politische Demokratie ist nur im Rahmen eines sich selbst als kulturelle Einheit verstehenden Volkes zu haben. Findet sie eine Nation nicht vor, dann erschafft sie sich diese. Wir sind Augenzeugen.

Nicht nur gegenüber dem im Innern auf kulturelle Vielfalt und Toleranz bauenden Imperialismus, auch gegenüber dem Tribalismus ist der Nationalismus die modernere und zerstörerische Kraft. Was gerade im Kosovo und in Albanien vor sich geht, ist nicht die Rückkehr des Stammesdenkens, sondern seine Zerstörung. Noch scheinen Kosovaren und Albaner jeweils in Stammesloyalitäten zerschnitten und zerstritten. Aber das gemeinsame Erleben der Tragödie, der Kampf gegen den gemeinsamen Feind, die Zusammenarbeit mit dem gemeinsamen Freund und den europäischen Hilfsorganisationen schmelzen, über alle spürbaren Rivalitäten hinweg, die lokalen Loyalitäten in einen schnell sich erhitzenden Nationalismus ein. »Praktisch ist Albanien jetzt Mitglied der Nato«, sagt sein Staatschef. Das verpflichtet. Auch die Nato drängt darauf, daß ihre Mitglieder, zum Beispiel die Türkei, sich als demokratische Nationalstaaten stabilisieren.

Indem der Westen, seinen erklärten Kriegszielen gemäß, die Kosovaren in einen wenn auch autonomen, so doch multiethnischen und serbischen Kosovo zurückführen will, kämpft er paradoxerweise gegen den Willen der Kosovaren, als eigene Nation dem Westen zuzugehören. Der Willen der Kosovaren als der eines kleinen Volkes mag uns schwach erscheinen. Aber er hat die mächtigsten Verbündeten: die modernen westlichen Ideen der Nation und der Demokratie. Was ihnen ihre Unbesiegbarkeit sichert, ist nicht ihr idealer Charakter, auch nicht die Tatsache, daß sie im Westen weitgehend verwirklicht sind. Es ist vielmehr ihr realer Nutzwert für die Zukunft einer multikulturellen Weltgesellschaft, die im Innern auf stabile Nationalstaaten angewiesen ist.

Der Westen, der den Kosovo-Albanern, für sie Krieg führend, gleichwohl die nationale Eigenständigkeit verwehren will, kämpft auch gegen sich selbst und gegen die Eigendynamik einer Weltgesellschaft, die dabei ist, sich eine Binnenstruktur aus stabilen Nationalstaaten zu schaffen. Das ist ein Kampf, den man nur verlieren kann. Europa, mit den Kanonen- und Sprachrohren der Nato sprechend, erfährt die Grenzen seiner Macht. Sie werden ihm nicht durch gegenwärtige Gegner aufgezeigt, auch nicht durch die Mächte der Geschichte, son-

dern durch die Entwicklung einer Zukunft, die, aller
Undurchschaubarkeit zum Trotz, doch ihre eigenen
Zwangsläufigkeiten erkennen läßt.

Was Europa in Zukunft sein wird, ist schwer zu erkennen – nicht nur, weil Zukunft immer offen ist, sondern auch, weil wir den eigenen Standort und den Weg,
den wir dahin zurückgelegt haben, nicht kennen. Wir
haben ein Bild davon, aber ist es das richtige Bild, und
wieviel bleibt im dunkeln? Unser Bild von Europas Gegenwart und Vergangenheit wird weniger von Gegenwart und Vergangenheit bestimmt als von Zukunftsvorstellungen. Von der Vision eines einheitlichen Europa
aus zurück- und wieder nach vorn blickend glauben wir
die europäische Gesellschaft auf einem langen Marsch
zu sehen: von nationalen Staaten zu einer europäischen
Gemeinschaft; von politischen und kulturellen Grenzen zu deren Auflösung; von nationaler und ethnischer
Gewalt zum friedlichen Zusammenleben auf der
Grundlage der Gleichwertigkeit der Kulturen. Dieser
Entwicklungslinie folgt das Geschehen auf dem Balkan
nicht. Um dennoch das Bild eines aus Gewalt und nationalen Grenzen herkommenden, aber in die friedliche
Einheit fortschreitenden Europa aufrechterhalten zu
können, müssen wir die Ereignisse auf dem Balkan als
Rückfälle und Atavismen interpretieren.

Aber können wir aus den Balkankriegen nicht auch
etwas anderes lernen? Müssen wir nicht sogar aus ihnen
lernen, daß wir den Lauf der Geschichte falsch gesehen
haben? Die nationalen Staaten und Grenzen in Europa
und in der Welt sind in der zweiten Hälfte des
20. Jahrhunderts nicht weniger, sondern immer mehr
geworden. Die Neubildung von Nationen mit der Ten-

denz, politische und kulturelle Grenzen zur Deckung bringen, erhöht die Bedeutung von Grenzen, statt sie herabzusetzen. Nationsbildung führt nicht zur Vergrößerung, sondern in der Regel zur Verkleinerung von Staaten; unser vom Nationalsozialismus geprägtes Bild eines imperial-expansiven Nationalismus entspricht also nicht dem Lauf der Dinge. Die innere Struktur der neuen nationalen Staaten tendiert von kulturellen Vielfalt zur Homogenisierung: In Rußland leben heute über 80 Prozent Russen, in der Sowjetunion waren es 50 Prozent; ähnliche Zusammenhänge zwischen politischer Sezession und kultureller Homogenisierung zeigen sich in den der anderen Nachfolgestaaten der Sowjetunion und Jugoslawiens (vgl. Ekkehard W. Bornträger, »Borders, Ethnity, and National Self-determination«, in: *Ethnos* 52, Wien 1999).

Demgegenüber wird der neue Multikulturalismus in den westeuropäischen Nationen mit ihren fünf bis 15 Prozent Ausländeranteil sowohl von Gegnern wie von Anhängern in seiner kulturstiftenden Bedeutung überschätzt (und in seiner Mittlerfunktion zwischen den Kulturen unterschätzt): Die ethnischen Gruppen, die sich hier bilden, bleiben als disparate Minderheiten ohne eigenes Territorium, eigenes Hinterland und eigenen Rechtsstatus der »Omnipotenz der aufnehmenden Mehrheitskultur« (Emmanuel Todd, *Le destin des immigré. Assimilation et ségrégation dans les démocraties occidentales*, Paris 1994) hilflos ausgeliefert. Die Flüchtlinge aus dem Kosovo etwa, auch wenn sie in großer Zahl in Deutschland Aufnahme finden und bleiben, haben hier doch nie die Chance, dieselbe Art von territorial verankerter Mehrheitskultur aufzubauen, die ihnen jetzt im Kosovo zerstört wird. Aus der Sicht Europas, einer Sicht der in sich ruhenden Mehrheitskulturen, wird dies nicht wahrgenommen. Von außen dagegen, aus den islamischen Ländern, um so schärfer. Dieselben Fernsehbilder anschauend, sehen Türken etwas, was wir nicht sehen: Sie sehen, wie Pamuk schreibt, »den Rauswurf der Türken aus Europa«, das ihnen vertraute »alte Thema aus den Lehrbüchern der Mittelstufe«.

Natürlich wehren wir uns dagegen, die Ereignisse auf dem Balkan so zu sehen. Sollte es gleichwohl, aus türkischer Sicht, eine historische Kontinuität geben, so wirkt der Nato-Einsatz *zugunsten* der Muslime dem entgegen. Allerdings kämpft die Nato nicht für einen Staat der Muslime, sondern für deren Wiedereingliederung in den serbischen Staat, in dem sie wiederum eine Minderheit bilden würden. Erst die Zukunft wird zeigen, ob als tatsächliche Folge des Krieges der letzte Brückenkopf einer gewachsenen islamischen Kultur aus Europa verschwindet oder ob er sich als kosovo-albanischer Nationalstaat – als einziger Staat mit muslimischer Mehrheit in Europa – stabilisieren kann. Der ungewisse Ausgang macht zugleich klar, wie prekär, ja manchmal unmöglich das Überleben einer Kultur ist, wenn sie nicht den Schutzmantel eines eigenen nationalen Staates um sich gelegt hat. In Europa ist dieses Lehrstück schon einmal in furchtbarer Weise gegeben worden. Die Leidtragenden haben die Konsequenz daraus gezogen: mit der Gründung des nationalen Staates Israel. Für einen großen Teil besonders der deutschen Europäer aber sind die Funktionen des modernen Nationalstaates noch immer nicht einsehbar.

Ihr Blick ist fixiert auf die imperialistische und rassisti-
sche Perversion des Nationalen, die das nazistische
Deutschland zur europäischen Geschichte beigesteuert
hat.

Diese dunklen Seiten europäischer Identität sind im
öffentlichen Diskurs nicht verdrängt – genausowenig
wie die positiven Zukunftsvorstellungen eines Europa,
in dem die Kulturen in gegenseitigem Respekt friedlich
zusammenleben. Aber was die europäische Gesellschaft »ist« und wohin sie sich bewegt, wird, wie in jeder Gesellschaft, von uns als ihren Mitgliedern nur zu
einem kleinen Teil erkannt. Von außen sieht man, was
wir uns im Innern kaum zu sehen erlauben, weil es sich
mit unserem eigenen kollektiven Selbstbild und unseren Intentionen nicht verträgt: daß die moralische Einigung Europas, wie auch frühere Einigungsprozesse,
weiterhin mit Gewalt und Gegengewalt einhergeht; daß
sich dabei eine unterschwellige Kooperation zwischen
Mehrheit und Sündenbock ergibt; daß europäische und
nationale Zugehörigkeitsgefühle sich Hand in Hand
entwickeln; daß das nach Einheit strebende Europa mit
der Kontinuität der Nationsbildung nicht bricht, sondern sich ihrer bedient – die neuen Nationen suchen in
besonderer Weise den Schutz und die Vorteile der europäischen Institutionen; daß im System der europäischen Nationsbildung, wie es aussieht, ein noch so kleiner muslimischer Nationalstaat keinen Platz hat; daß
die europäischen Nationalstaaten dem Multikulturalismus nur in Form von verstreuten Einsprengseln in ihre
jeweiligen Mehrheitskulturen Tribut zollen; daß die
Grenzen zwischen den Kulturen, sowohl im Innern
Europas wie erst recht an seinen Außenseiten, nicht

verschwinden, sondern schärfer wahrgenommen werden als zuvor.

Der Krieg im Kosovo führt Europa auch an Grenzen seiner Selbsterkenntnis. Müssen wir mehr über die eigene europäische Identität wissen? Oder dürfen wir es besser nicht? Die Fragen führen nicht nur an den Rand des Nichtwissens, sondern bereits in es hinein. Die Antwort bleibt uns also erspart.

Bittere Einsichten

1. Im Krieg lernen wir, was wir im Frieden nicht lernen wollen. Manche Einsichten sind allerdings so schmerzlich, daß wir sie nicht annehmen können, auch wenn der Krieg sie gelehrt hat. Deswegen lernen wir nicht genug. Auch jetzt, nach dem Krieg um das Kosovo, wissen wir nicht, wie er hätte verhindert werden können. Es würde, von westlicher Seite, alles noch einmal so gemacht. Was hätten wir angesichts der Vertreibung der Kosovo-Albaner durch die Serben denn anders machen sollen? Mit der Frage wird nicht nur eine frühere Rechtfertigung beibehalten. Sie drückt aufrichtige, hilflose Überzeugung aus. Heißt das, daß der Krieg quasi naturgegeben, unausweichlich war? Nein. Es heißt nur, daß die Einsichten und Maßnahmen, die ihn hätten verhindern können, für uns nach wie vor weniger akzeptabel, ja weniger denkbar sind als der Krieg selbst. Als moralische Wesen verwahren wir uns gegen sie.

2. Das Hauptergebnis des Krieges, vor dem heute niemand mehr die Augen verschließen kann, ist die Trennung der serbischen und albanischen Bevölkerungsgruppen des Kosovo. Wollten die Serben vorher das Kosovo für die Albaner unbewohnbar machen, so machen jetzt die Albaner, unter der ratlosen Aufsicht der UNO-Besatzungstruppen, das Kosovo für die Serben unbewohnbar. Sie werden das Land entweder ganz verlassen oder in den nördlichen Teil – höchstens 20 Prozent des Territoriums – umziehen müssen, der

Serbien zugeschlagen wird, während der größte Teil des Kosovo zu einem eigenen oder einem mit Albanien verbundenen Nationalstaat wird.

3. Hätte man dieses Ergebnis des Krieges nicht auch ohne den Krieg haben können? Kinder und Amerikaner haben seltsame Ideen. Das Geld, das der Krieg kostet, hätte man den Leuten dort geben können, als Anreiz, ihr Land zu tauschen und umzuziehen, sagte mein Sohn, als die Bomben noch fielen. Ein paar Tage später las ich in einer amerikanischen Zeitung, wie zwei Politikprofessoren den Plan entwickelten, die serbischen und die albanischen Kosovaren über eine großzügig finanzierte Umsiedlungsaktion zu trennen.

4. Geld statt Gewalt als Problemlösung? Der Gedanke ist nicht nur vernünftig, er entspricht auch unserer Vorstellung vom Verlauf der Zivilisation. (Schon Herbert Spencer, einer der Begründer der Soziologie im 19. Jahrhundert, wollte eine Evolution von militärischer zu industrieller Gesellschaft sehen.) Warum erscheint uns die Idee im konkreten Falle des Kosovo dann so abwegig und weltfern konstruiert? Weil wir, mit Blick auf die Betroffenen, vermuten: Weder Albaner noch Serben würden ihre Heimat oder heilige Erde zum Gegenstand eines Tauschhandels machen. Aber wissen wir es? Suchen wir die Antwort lieber bei uns selbst. Daß niemand im doch so rationalen Okzident politisch ernsthaft auf die Idee kommt, Geld anzubieten, um Gewalt zu vermeiden, läßt folgende Schlüsse zu: Auch die moderne Welt ist weniger von Geld und Kommerz bestimmt, als stereotyp behauptet wird. Es gibt Dinge, wie Selbstbestimmung, Heimatrecht, individuelle und kollektive Identität, religiöse Symbole, die

für Geld nicht verfügbar sind. Mit Gewalt aber können sie gegeben und genommen werden. Nicht Geld, nur Gewalt kommt ihnen an Wert gleich. Erhält die Gewalt, mit der sie erstrebt oder verteidigt werden, ihren Wert von ihnen, oder erhalten sie ihren Wert von der Gewalt? Nur Gewalt ist auf der Höhe des Heiligen, wie René Girard gezeigt hat. Welche Politiker des Westens hätten bei ihren Wählern dafür werben können, rechtzeitig, also rational, Pläne für Umsiedlungen auf dem Balkan auszuarbeiten und dafür Steuergelder herzugeben? Zustimmung zum Einsatz von Gewalt war leichter zu haben – und das, paradoxerweise, obwohl doch alle ehrlichen Herzens vor Gewaltanwendung, wie vor dem Heiligen, zurückschrecken.

5. Kein europäisches Land hätte allein Krieg für das Kosovo geführt. Es bedurfte eines Bündnisses. Aber auch gemeinsam hätten die europäischen Staaten für den Krieg nicht genug Kraft gehabt. Die Amerikaner mußten das Kollektiv stärken und führen. Nur aus Gemeinschaftlichkeit konnte die Gewalt des Westens entstehen. Und auf die Gemeinschaft wirkt sie, diese bestätigend und erhöhend, zurück. Wir führen Krieg, also sind wir. Die Stärkung der kollektiven Identität der Nato ist nicht bloß ein Nebenprodukt des Krieges. *Mittäterschaft* wird vielmehr zum bewußten Sinn der Gewaltaktion erklärt. Ausschlaggebend für die wenn auch zähneknirschende Zustimmung zum Nato-Einsatz war letztlich der Verweis auf die anderen und unsere Zugehörigkeit zu ihnen: »Wir können jetzt nicht unsere Solidarität verweigern.« Zu allen Zeiten hat Krieg Zusammenhalt gestiftet. Daß sich die supranationale westliche Gemeinschaft aus dem Geist des Krieges heute

ähnlich erschafft, wie es früher der nationale Staat getan
hat; daß ein und derselbe Krieg zur gleichen Zeit zur
Feuertaufe der Nato dient, de facto einen neuen koso-
varisch-albanischen Nationalstaat aus der Taufe hebt
und den serbischen Nationalismus zugleich eindämmt
und stärkt – das gehört gewiß zu den Lektionen des
Krieges, die wir nicht lernen wollen.

6. Der Krieg wurde gegen die Vertreibung der Kosovaren durch die Serben geführt – mit Erfolg. Aber die
Nato ist mit ihrem Erfolg fast genauso unglücklich wie
die Serben, die den Kriegsausgang als *ihren* Erfolg de-
klarieren. Dies ist nicht die einzige Übereinstimmung
zwischen den Kriegsgegnern. Ironischerweise ist der
Krieg aus lauter Übereinstimmungen entstanden, die
immer noch bestehen. Es sind dies Übereinstimmungen
harter Männer im Illusionären. Beide behandelten und
behandeln die Kosovaren als Kinder. Beide treten für
einen Status quo ante ein, den es nicht mehr gibt und nie
mehr geben wird. Beide pochen auf die Unverletzlichkeit der – großserbischen – Grenzen. Beide sind gegen
einen kosovarischen Nationalstaat. Beide kämpfen offiziell für ein multikulturelles Kosovo in einem multikulturellen Serbien. Und beide scheitern in ihren überein-
stimmenden Interessen auf der ganzen Linie – obwohl
sie weltweit und auf dem Balkan die beherrschenden
Militärmächte sind! Hat es je einen schlagenderen Beweis dafür gegeben, daß die Lehren aus Kriegen immer
andere sind als die, die die Kriegführenden, auch und
gerade die Sieger, erteilen wollen?

7. Der Gewinner dieses Krieges ist der Nationalismus, gegen den der Krieg geführt wurde. Kosovarischer Nationalismus entsteht erst aus den zersplitterten

Loyalitäten einer Stammesgesellschaft – in der Selbstbehauptung gegen die Serben, aber auch gegen die
Nato. Der serbische Nationalismus hat zwar als »groß-
serbischer« mit imperialen Ausuferungen die vorläufig
letzte in einer Reihe von Niederlagen erlitten, findet
aber gerade dadurch und in der Eingrenzung auf serbische Siedlungsgebiete eine emotional und räumlich fe-
stere Form. Damit ist der Frieden auf dem Balkan noch
nicht gesichert. Zu viele Außenposten und Reibungsflächen der Nationalismen, nicht nur im Kosovo, sondern auch in Bosnien, Montenegro und Mazedonien,
bleiben bestehen. Gleichwohl ist die Tendenz unver-
kennbar, den politischen Nationalismus auf seine kulturellen Grenzen zurückzuführen. So wird er zugleich
eingehegt und, sei es in der Demütigung, gestärkt. Der
Nato-Schlag hat den expansiv-imperialen Nationalismus – wie man hoffen darf: nachhaltig – getroffen, den
ethnokulturellen Nationalismus aber befestigt. Während der imperiale Nationalismus Ordnung durch
Fremdherrschaft und Vernichtung schuf – so wie es
jetzt, in einer unzeitgemäßen Reprise, der durch den
Verlust der Sowjetunion schwer gekränkte russische
Imperialismus in Tschetschenien vorführt –, sichert
der ethnische Nationalismus die innere Ordnung der
globalen Welt, indem er Staatsgrenzen an kulturelle
Grenzen rückbindet. Auch wenn diese nicht immer
eindeutig sind, enthält der ethnokulturelle Nationalismus einen Mechanismus der Selbstbegrenzung.
Darin liegt seine Ordnungsleistung im internationalen
System.

8. Den Balkan dieser Ordnung ungewollt ein Stück
näher gebracht zu haben, könnte man als einen Erfolg

des Nato-Krieges bezeichnen – wäre da nicht die Nato
selbst, die von ihrem eigenen, noch unfertigen und un-
geliebten Werk nichts wissen will: Statt die faktisch
schon vollzogene Abtrennung des Kosovo von Serbien
in einen politischen Willen für zwei nationale Staaten
umzumünzen, die jeweils von einer großen Bevölkerungsmehrheit getragen werden und damit die Chance
der inneren Demokratie und der Selbstbegrenzung
nach außen haben, hält die Doktrin des Westens am
Modell eines multikulturellen Kosovo in einem multikulturellen Serbien fest.

9. Dieses Modell ist nicht nur instabil, es ist überhaupt nicht lebensfähig. Die Serben selbst haben diese
Erfahrung gemacht, lange bevor der Westen wußte, daß
es ein Kosovo gab. Sie haben wirklich *alles* versucht, um
den multikulturellen Kosovo für sich zu retten: zunächst durch eine relative *Autonomie*, die über den de-
mographisch schnell wachsenden albanischen Bevölke-
rungsanteil unaufhaltsam in eine sich abtrennende
Gegengesellschaft mündete; dann, vor zehn Jahren, um
des Separatismus Herr zu werden, durch die Aufhebung der Autonomie, wodurch eine regelrechte *Apart-
heid* entstand, gegen die sich die Kosovaren im bewaffneten Widerstand organisierten; schließlich durch die
Vertreibung der albanischen Kosovaren, was die Nato
auf den Plan rief.

10. Nun, nach der Rückkehr der Albaner, sieht sich
die Nato als Besatzungsmacht wider ihr eigenes Selbstverständnis zum Schutzpatron einer Vertreibung in die
umgekehrte Richtung degradiert. Warum hält sie an der
unhaltbaren Vorstellung eines multiethnischen Kosovo
als Bestandteil Serbiens fest und stellt damit die Insta-

bilität der Region und den eigenen Mißerfolg auf Dauer?

11. Die nächstliegende Antwort: Es handelt sich um eine Finte. Die westlichen Politiker, die für die Nato sprechen, meinen nicht, was sie sagen. Aus politischen Gründen können sie nicht sagen, was sie meinen. Würden sie die Einsicht, daß nur ein kosovarischer Nationalstaat *neben* einem serbischen Nationalstaat ein hinlänglich stabiles Ordnungselement für die Region sein kann, zu ihrem offiziellen politischen Willen erheben, dann käme das dem Eingeständnis gleich, daß sie sich selbst getäuscht haben oder daß sie Serbien getäuscht haben und seine Grenzen völkerrechtswidrig verändern wollten. Nicht nur durch Bomben, sondern auch durch die vertraglich vereinbarte Illusion, daß das Kosovo serbisch bleibe, waren ja die Serben zu einem Rückzug bewegt worden, den sie selbst als Sieg auslegen konnten. Nun wartet man im Westen darauf, daß der fortgesetzte innere Kleinkrieg im Kosovo faktisch vollendet, was offiziell nicht geschehen darf: die Bildung eines neuen Nationalstaates.

12. Es ist aber zu befürchten, daß eine andere Antwort eher zutrifft: Nicht kluges Schweigen, Zuwarten und Hinarbeiten auf die allmähliche Verwirklichung eines nationalstaatlichen Konzepts läßt den Westen heute konzeptionslos aussehen, sondern die fortdauernde ideologische Ablehnung dieses Konzepts. Sie beruht auf der Annahme, daß die Zeit der Nationalstaaten vorbei sei und daß sie sich auflösen müßten: durch Individualisierung und Beliebigkeit im Innern, durch supranationale Gemeinschaftsbildung nach außen. Aber beide Prozesse können die Ordnungs-, Demokratie-

und Sicherheitsleistungen der Nationalstaaten in der modernen globalen Welt in keiner Weise ersetzen. Die empirische Entwicklung verläuft nicht von National- staaten zu Vielvölkerstaaten, sondern umgekehrt von der Auflösung der Vielvölkerimperien zu einer Vielzahl von kleineren Nationalstaaten, die im Innern auf der Mehrheitskultur einer Volksgruppe beruhen. In Mittel- und Osteuropa weist dieser Prozeß drei große Schübe auf: den Zerfall des osmanischen und des Habsburger Reiches, die Zerstörung des deutschen Imperialismus nach dem Zweiten Weltkrieg und den Zerfall des sowje- tischen und des jugoslawischen Reiches in den letzten zehn Jahren. Von Mal zu Mal hat sich über millionen- fache Massenfluchten, Vertreibungen und Umsiedlun- gen ein und dieselbe Tendenz durchgesetzt: die Schaf- fung von nationalen Staaten dadurch, daß kulturelle und politische Grenzen zur Deckung gebracht werden. (Wo dies nicht geschehen ist, bleibt Beunruhigung.) Wie stark diese Tendenz ist und wie gewaltsam sie sich durchsetzt, zeigt sich heute im Kosovo: Auch die größ- ten Militärmächte der Nato und der Serben können die Entstehung des kleinsten und neuesten Nationalstaates nicht aufhalten.

13. Warum sperren wir uns gegen diese Lehre des Krieges und den Lauf der Geschichte? Ein geschicht- liches Trauma und eine Angst vor der Zukunft scheinen dafür verantwortlich zu sein. Durch die Assoziation mit den Verbrechen des Nationalsozialismus ist, beson- ders in Deutschland, das Nationale zum Symbol des Unheils geworden. Aber der Nationalsozialismus war weder national noch sozialistisch, sondern der grausige Etikettenschwindel eines rassistischen Imperialismus.

Sofern wir diesen Schwindel immer noch aufsitzen, verstellt uns das Trauma des Nationalsozialismus den Blick dafür, daß die moderne Weltgesellschaft sich mit geradezu beängstigender Folgerichtigkeit eine stabile Binnenstruktur in Form von Nationalstaaten sucht. Dies nicht sehen zu wollen, heißt den Sinn des Kosovo-Krieges und die Tragik des Tschetschenien-Krieges nicht verstehen zu können.

14. Daß ein friedliches Zusammenleben der Kulturen im Kosovo nicht möglich ist – vor dem Krieg nicht, während des Krieges nicht und jetzt nach dem Krieg nicht: Diese Einsicht wehren wir ab, ist sie doch von der Angst begleitet, daß multikulturelle Nationalstaaten überhaupt nicht überlebensfähig seien. Aber diese Verallgemeinerung ist unzulässig. Wie das Beispiel der Schweiz und der USA zeigt, beruht die Stabilität von Nationalstaaten nicht auf ethnischer Homogenität, sondern auf tradiertem und sich erneuerndem kulturellen Konsens. Gleichwohl wirkt die Angst, daß sich die eigene Gesellschaft in Zukunft durch Zuwanderung destabilisieren werde, als mächtige Lernblockade. Um sie zu brechen, müssen die Unterschiede zwischen den sich neu bildenden Nationalstaaten des Balkans mit ihrer alten Völkervielfalt und den alten Nationalstaaten des Westens mit ihrer neuen Vielfalt der Kulturen erkannt werden: dort eine (kosovarische) Mehrheit gegen den (serbischen) Staat oder, wie in Bosnien, große Minderheiten, die zentrifugal den Nachbarstaaten (Serbien und Kroatien) zustreben; hier eine staatstragende Mehrheitskultur, in die Minderheiten hineinstreben. Dort relativ geschlossene Siedlungsräume und Enklaven der Kulturen; hier eine Zerstreuung der einwandernden

Kulturen in der aufnehmenden Gesellschaft. Dort kollektive Heimatrechte, auf die eingesessene Minderheiten pochen; hier der tastende Versuch der einwandernden Minderheiten, unter Anpassungsdruck individuelle Bleibe- und Bürgerrechte zu erwerben. Dort eine erzwungene Nähe der Kulturen; hier eine selbst gewählte und gewährte Annäherung aus freien Stücken ... Etablierte Nationalstaaten können unter diesen Bedingungen im Innern ein gerüttelt Maß an kultureller Vielfalt verkraften. Dagegen müssen die instabilen Überbleibsel der imperialen Staatenwelt die Voraussetzungen dafür: die Einheit ihres kulturellen und politischen Raumes und damit einen nationalen Konsens, erst schaffen.

15. Krieg, Flucht und Vertreibung, die wir verabscheuen, verhelfen dazu. Aber sie tun es entgegen dem erklärten Willen der Kriegführenden. Nicht um stabile Nationalstaaten einzurichten, sind die Soldaten des Westens auf dem Balkan, sondern um unseren tiefsten und zugleich modernsten moralischen Gefühlen Geltung zu verschaffen, daß alle Menschen unangesehen ihrer kulturellen (ethnischen, religiösen, sprachlichen) Unterschiede als gleiche zusammenleben sollen. Daß dies auch durch Sieg im Krieg nicht zu erzwingen ist, können wir als Intellektuelle vielleicht verdrängen. Die Soldaten und Helfer vor Ort lernen es Tag für Tag an unserer Statt: Das Gute ist nicht durch das Gute, es ist nicht einmal durch Gewalt zu verwirklichen. Diese Einsicht führt uns an die Grenzen moralischen Lernens. Ob wir mit ihr leben können, ist fraglich. Oder könnten wir, wenn das nächste schreiende Unrecht gegen Gleichheit und Würde der Menschen geschieht, tatenlos zusehen? Gäbe es keine anderen Kriegsgründe

mehr: Die Höhe unserer Moral sorgt dafür, daß die Geschichte der Kriege nicht aufhört.

16. Allenfalls durch das Ziehen von Grenzen, auch der Moral, ließe sich dem Kriegsgott das Wasser abgraben: Das kulturell Unverträgliche trennen, kulturellen Unterschieden durch politische Grenzen Garantien und Schutz gewähren, Vertreibungen durch Pläne und finanzielle Anreize zur Umsiedlung zuvorkommen – das alles ist so unmoralisch, daß wir es aus dem Kosovo-Krieg auf keinen Fall lernen wollen. Wenn wir es wollten – könnten wir es? Gegen unsere kollektiven moralischen Gefühle, die höchste Macht des sozialen Lebens, können wir nicht anlernen. So werden wir im nächsten Krieg wiederum der Moral mit Gewalt zu ihrem Recht verhelfen.

Sternstunde der Weltmoral

Die Stimme der Freundin auf dem Anrufbeantworter klang erregt. Sie sei verwirrt und beunruhigt: In den Nachrichten sprechen sie von Kriegsgefahr, die Zeitungen schreiben es, die Amerikaner sagen, sie seien im Krieg, die Nato beschließt den Bündnisfall, Schröder sagt, es sei die uneingeschränkte Solidarität der Deutschen gefordert, von ernsten Entscheidungen ist die Rede ... Flehentlich bat sie um Rückruf. Mein Trost war nicht sehr tröstend, fürchte ich, ein Zorn stieg in mir auf: Generationen wollten wir beibringen, die Welt und ihren eigenen Handlungsraum darin nur als friedlich zu begreifen: als Friedenskorps, Friedensforschung, Friedensmärsche, Friedensstiftung, Friedensmissionen, Friedenstruppen ... Nun schlägt die Friedensrhetorik in Kriegsrhetorik um. Sie erzeugt die Panik, vor der sie warnt. Dieselben Leute, die das Nachdenken über Krieg, ja das Wort selbst gestern noch in Acht und Bann tun wollten, schwenken es heute wie ein Banner.

Wie die Beschwörung des Friedens bisher getrogen hat, so trügt die Ausrufung des Krieges jetzt. Die Friedensrhetorik hatte die neuen Kriegsherde übersehen, die in ihrem Schatten gewachsen sind; die neue Kriegsneigung verkennt, daß die amerikanische Tragödie nicht die Chancen des Krieges befördert, sondern die Chancen des Friedens. Zwar versteht jeder, daß der Anschlag auf Amerika zum Rückschlag herausfordert; das Reziprozitätsprinzip, Gleiches mit Gleichem zu vergelten, ist die Urform aller Gerechtigkeit und gehört zu den soziomoralischen Grundlagen des Zusammenlebens, die auch durch die christliche Gegenmoral, die andere Wange hinzuhalten, nicht aufhebbar sind. Aber gegen wen soll das mächtige Amerika zurückschlagen?

Der Krieg, lehrte Clausewitz, beginnt mit der Verteidigung. Doch gegen wen und wie soll man sich verteidigen, wenn der erste Angriff sein Ziel auf grauenhafte Weise erreicht hat und, zumindest vorläufig, keine weiteren Angriffe erfolgen? Wenn die Angreifer tot und andere Angreifer und ihre Hintermänner nicht zu erkennen und nicht zu greifen sind? Wenn die Staaten, die man dafür verantwortlich machen will, ihre Unschuld und Ergebenheit, ja Solidarität mit dem Angegriffenen bekunden? Und wenn der mutmaßlich hauptverantwortliche Terrorist sich im ärmsten und zur Zeit geschlagensten Land dieser Welt versteckt?

Das mächtigste Land der Welt überzieht das ohnmächtigste mit Krieg – als Vergeltung für eine Tat, an der vermutlich keiner seiner Bürger beteiligt war. Dieser Gedanke bringt nicht nur die elementaren moralischen Gefühle gegen sich auf. Er läßt sich auch mit unserer Vorstellung vom Krieg nicht vereinbaren. Denn, von allen rechtlichen und sozialwissenschaftlichen Definitionen abgesehen: Im Alltagsverständnis ist der Kern jedes Krieges eine organisierte und gewaltsame Machtprobe zwischen Kollektiven. Machtprobe setzt voraus, daß der Ausgang ungewiß ist. Die Ungewißheit des Ausgangs: Das ist nur eine anderes Wort für die Ebenbürtigkeit der Feinde. Ohne Ebenbürtigkeit kein Krieg. Wer von vornherein keine Chance hat, sich

durchzusetzen, kann, mag er noch so tapfer sein, allenfalls einen Todeskampf führen, keinen Krieg.

Wir müßten unseren Kriegsbegriff ändern, heißt es.
Der Neue Krieg: Das sei nicht mehr der Zusammenstoß
von Kollektiven und Gegnern, die territorial lokalisier-
bar sind. Vielmehr der Kampf zwischen Funktions-
zusammenhängen – etwa der Shareholder-value-Öko-
nomie und der fundamentalistischen Ultimate-value-
Religion, deren Träger sich jeweils ortlos und ungreif-
bar, virtuell, in transnationalen Netzwerken bewegen.
Diese Metaphorik gefällt. Sie schmeichelt dem modernen Drang nach Neuem, auch nach neuen Begriffen,
und gibt zugleich der Hilflosigkeit gegenüber dem
weltweiten Terrorismus einen zumindest theoretisch
plausiblen Ausdruck.

Aber auch die modernsten und mobilsten Menschen
bleiben örtliche und leibseelische Wesen und als solche
verwurzelt und verletzbar, ob als Broker oder als Terroristen. Wer sie wirklich treffen will, der muß sie wirklich treffen, als Wesen von Fleisch und Blut, und nicht
als virtuelle Wesen. Auch das ist eine furchtbare Lehre
für alle diejenigen, die das Leben im virtuellen Raum
aufgehoben sehen wollen. Auch der Kampf gegen den
Terrorismus ist ein Kampf gegen wirkliche Menschen
und ihre wirklichen Mittel. Daß sie sich der neuesten
Technologien bedienen, blitzschnell von Ort zu Ort
wechseln, sich verkleiden, verleugnen, verstecken,
macht den Kampf schwer, aber keineswegs neu und un-
wirklich. Die Aufgabe, auch im Kampf gegen die neuesten Terroristen, bleibt die alte: sie in ihren Verstecken,
ob im Bunker, im Bungalow oder in den Bergen des
Hindukusch, zu finden.

Ist das Verbrechensbekämpfung oder Krieg? Es kann zu beidem werden, je nachdem, für wen die Terroristen stehen und wer für sie steht. Und es hängt, auch, davon ab, was ihre Feinde – wir – aus ihnen machen. Dabei kommt es nicht darauf an, welche Ziele die Terroristen haben. Alle haben, in den eigenen Augen, die höchsten Ziele und besten Rechtfertigungen, ob sie gegen den Konsumterror oder gegen die Globalisierung, für die Befreiung von Fremdherrschaft oder für die Landreform zugunsten mittelloser Bauern kämpfen.

Worauf es ankommt, ist allein dies: Wer und wie viele Menschen teilen ihre Ziele und billigen ihre Mittel? Wir können annehmen, daß sehr viele Menschen die zwar kaum formulierbaren Ziele, aber doch Stimmungen und moralischen Gefühle der Selbstmordattentäter verstehen und teilen: sich aus der Demütigung zu erheben, die sie durch die wirtschaftliche Dominanz, die Hybris der Macht und die um sich greifende Sittenlosigkeit der westlichen Welt empfinden.

Aber das Zeichen, das sie dagegen gesetzt haben, ist so ungeheuerlich und wird dadurch so ungeheuer unmoralisch, daß es die Terroristen selbst zu Monstern macht, von denen alle Welt sich abwendet. Es ist, gerade in der islamischen Welt, nicht nur die Angst vor dem amerikanischen Gegenschlag, die die Bekundungen der Ergebenheit und des Mitgefühls mit dem amerikanischen Volk diktiert. Es ist auch das Entsetzen darüber, daß die Gebote der Religion, das Leben unschuldiger Menschen wie auch das eigene Leben zu bewahren, mit Füßen getreten wurden. Nicht nur gegen den Koran wurde verstoßen, sondern gegen die einfachsten Regeln einer universalen Moral der Menschlichkeit und Reziprozität, die überall verstanden wird, nicht nur von Muslimen, Juden und Christen.

Das Attentat hat im Entsetzen, im Mitgefühl und in Empörung ein spontanes Gemeinschaftserlebnis gestiftet und die Welt geeint. Die ganze Welt? Nur zwei entziehen sich den geteilten Gefühlen: Bin Laden und Saddam Hussein. Sie sind die Außenseiter. Gäbe es sie nicht, müßten sie erfunden werden: Ein Feind zumindest muß bleiben, an dessen Verstoß gegen die Weltmoral die Moral der Welt sich erregt und eint. Vielleicht nur einen Flügelschlag der Geschichte lang. Aber dieser charismatische Moment bewegt mehr als zehn Jahre Diskussion über die Menschenrechte. Die Stunde des Schreckens, die zugleich die Sternstunde der Moral ist, verfliegt schnell. Im Handumdrehen stellen sich, sei es unter der Oberfläche gemeinsamer Lippenbekenntnisse, die alten Vorbehalte und Fronten wieder ein. Das Leid der anderen wird für die eigenen Interessen instrumentalisiert.

Aber auch Lippenbekenntnisse verpflichten, binden zusammen und schließen aus: Sie isolieren die Terroristen. Wenn alle gegen sie sind oder zu sein scheinen, dann sind sie nicht mehr die Vertreter einer Seite, sondern Außen-Seiter. Sie stehen nicht mehr für ein Kollektiv und gegen ein anderes, sondern außerhalb des globalen Kollektivs. Von Repräsentanten einer Seite werden sie zu Verbrechern am Ganzen. Weltmoral und Weltverbrechen bilden sich aneinander aus. Sie brauchen einander. Terrorismus als Verbrechen: Das ist leicht einzusehen, denn wie Verbrecher scheuen Terroristen das Licht, und anders als die Taten der Soldaten gelten die Untaten der Terroristen als feige, denn sie sind gegen Unschuldige und Schutzlose und nicht gegen Ebenbürtige gerichtet.

Aber die Chance der Weltmoral durch Weltverbrechen wird schnell verspielt, sofern die Suche nach den Verbrechern zum Krieg erklärt wird. Der Drang dazu ist unaufhaltsam. Denn die Schwere des Verbrechens ruft nach schwerer Bestrafung. Nicht pathologischer Rachedurst gebietet dies, sondern die alltägliche Reziprozitätsmoral. Sie findet keine Genugtuung: Anders als der Feind im Krieg können Terroristen, im Verborgenen agierend, von der Staatsgewalt nicht ohne weiteres gestellt werden. Werden sie aber gestellt, dann trifft, angesichts der Tausende von Menschenleben, die sie auf dem Gewissen haben, selbst die härteste Strafe zu wenige. Dashalb erklären ihnen die Vereinigten Staaten, die Nato hinter sich herziehend, den Krieg.

Denn der moderne Krieg, auf der Suche nach den kleinen Scharen versteckter Terroristen, erlaubt Verwüstungen, die den in Amerika erlittenen ebenbürtig sind. Wie es in New York, Washington und bei Pittsburgh Unschuldige getroffen hat, wird es auch anderswo Unschuldige treffen. Der Drang, die soziale Gesetzmäßigkeit des Reziprozitätsprinzips zu vollziehen, ist so stark, daß, in einer gespenstischen Soziologik, das Ungleiche gleich gemacht wird, um Gleiches mit Gleichem zu vergelten. Durch die Kriegserklärung an die Terroristen werden diese von Verbrechern in den Rang von Soldaten erhoben. Und durch den Krieg, zu dem sich der amerikanische Staat einen feindlichen Staat samt Territorium sucht, wird dieser Staat zum verbrecherisch Mitschuldigen herabgezogen. Die Übereinstimmung im Kampf gegen Terroristen aber wird verloren-

gehen. Sie verwandeln sich zurück: von Weltverbrech-
ern, die überall ausgeschlossen sind, zu Zugehörigen eines Volkes, mit dem sie das Geschick teilen, von Amerika bekriegt zu werden. Sollten die Bomben Amerikas
auf das stolze, armselige, seit zwei Jahrzehnten unendlich leidgeprüfte Afghanistan fallen, dann werden Welt-
mitleid und -solidarität, besonders der islamischen
Welt, sich diesem Land zuwenden. Amerika und seine
Verbündeten werden wieder schuldig werden. Die Einheit der moralischen Welt aber, die sich einen Augenblick lang an dem leidenden Amerika aufrichtete, wird
zerfallen. Die Welt wird in ihre Feind-Feind-Struktur
zurückgleiten, der Terrorismus auf einer Seite seine
Heimat behalten und Amerika seine Rolle der häß-
lichen und verhaßten Supermacht wieder einnehmen.

»Nichts wird mehr so sein, wie es war.« Die Phrase,
tausendmal nachgebetet, wird von Tag zu Tag falscher:
(Fast) alles wird wieder werden, wie es war. Das Böse,
das wir heute so vehement bekämpfen oder zu bekämpfen meinen, entsteht gerade dadurch immer neu, in Kol-
laboration zwischen uns und unseren Feinden.

Läßt sich daran etwas ändern, wenn der Kampf gegen
den Terrorismus nicht als Krieg, sondern »nur« als Verbrechensbekämpfung geführt wird? Es würde die Suche nach Schuldigen verzögern, ihre Bestrafung ver-
kleinern. Es würde unsere elementaren moralischen
Gefühle auf eine Geduldsprobe stellen. Aber es würde
auch die Zahl der unschuldig Getroffenen verringern.
Es wäre einen Versuch wert.

Unschuld und Sühne

Noch nie hat ein einzelnes Ereignis so viele Menschen so sehr erregt wie der Anschlag auf Amerika. Der Gegenschlag, alle wußten es, *mußte* kommen. Jetzt warten wir auf die nächste, die terroristische Erwiderung: Jedes abgestürzte Flugzeug schreckt uns auf. Nicht anders als unsere Urahnen sind wir Gefangene im Wechselspiel von Handeln und Entgegnen, Tat und Vergeltung, Verbrechen und Strafe. Es ist ein Spiel ohne Grenzen geworden. Im fernen Afghanistan zieht sich der Ring um die vermutlichen Verbrecher enger. Aber können die Taten der Terroristen überhaupt als Verbrechen bestraft werden?

Nehmen wir das Unwahrscheinliche an: Bin Laden und die 20 Männer, die als Drahtzieher für die Attentate am 11. September gesucht werden, würden gefangen, als schuldig überführt und lebenslang hinter Gitter gebracht. Und, noch unwahrscheinlicher: Der islamische Terrorismus sei damit am Ende. Der »Verteidigung der Rechtsordnung«, der die Strafe nach moderner Rechtstheorie zu dienen hat, wäre genüge getan. Den verletzten Rechtsgefühlen aber spräche sie Hohn. Auch die Todesstrafe würde daran wenig ändern: Was wiegt das Leben von 20 Schuldiggesprochenen gegen das Leben von 4000 Unschuldigen, das sie heimtückisch genommen haben? Und gegen die tiefe Kränkung, Angst und Verunsicherung, die sie über Amerika und die westliche Welt gebracht haben?

Hier bleibt eine Rechnung offen, die die Strafjustiz
nicht begleichen kann. Denn für sie »spielen insoweit
der Gesichtspunkt der Sühne oder der Tatvergeltung,
die Schwere der Schuld als solche, das Genugtuungsin-
teresse des Verletzten und seiner Angehörigen keine
Rolle«, wie es im Standardwerk *Praxis der Strafzumes-
sung* des Vorsitzenden Richters am Bundesgerichtshof
Gerhard Schäfer heißt. Die geregelten Verfahren des
modernen Rechtsstaats sind darauf gerichtet, individuelle Täter dingfest zu machen. Für kollektive Taten und
Schuld hat er kein Sensorium. Für kollektive Opfer und
Leiden auch nicht. Erst recht nicht für das schreiende
Mißverhältnis zwischen unermeßlichem kollektiven
Leid und der Individualisierung der Schuld bei einzelnen Tätern. Es gibt Schuld, die so groß ist, daß sie mit
den Werkzeugen des Rechts und der humanen Strafe
nicht zu sühnen ist – am wenigsten in der Gesellschaft,
die an den Gott, der das »Mein ist die Rache« spricht,
nicht mehr glaubt.

Die kollektiven Gefühle, im tiefsten verletzt, aber
vom modernen Individualismus ignoriert und vom
Rechtsstaat im Stich gelassen, suchen Genugtuung wo-
anders: »Die USA müssen nach außen losschlagen,
sonst bricht die Wut gegen die Muslime sich im Innern
Bahn«, sagt eine verzweifelte Amerikanerin. Deshalb
ziehen die Amerikaner in den Krieg. Krieg ist die Suche
nach Sühne, von der moderne Menschen nichts wissen
wollen. Ihnen fallen bessere Kriegsziele ein: die Bekämpfung des internationalen Terrorismus, die Verteidigung der Zivilisation, um nur zwei zu nennen, denen
wir uns vollauf anschließen können.

Aber die offiziellen Kriegsgründe verhüllen mehr, als

sie erklären. Jeder Krieg hat seine Untergründe. Krieg,
der angeblich sinnlos ist, *macht* sich seinen Sinn – immer einen anderen, als die Beteiligten ihm geben. Erkennbar wird er, wenn überhaupt, allenfalls im nachhinein, so wie die Sühne sich erst einstellt nach der Tat.

Entgegen aller humanen Ermahnung spielen Sühne
und Vergeltung, Schwere der Schuld und Genugtuung
für die Opfer und ihre Angehörigen doch eine Rolle –
eine viel größere, als uns lieb ist. Das Prinzip der *Reziprozität* – »Wie du mir, so ich dir« –, das auch dem
Markttausch und der Liebe unterliegt, gehört zu den
soziomoralischen Grundgesetzen des Zusammenlebens, die zwar verdrängt, aber nicht außer Kraft gesetzt
werden können. Dasselbe gilt für das Prinzip der *kollektiven Identität*, das durch noch so viele Individualisierungsanstrengungen nicht auszuhebeln ist, und für
das Prinzip der *Präferenz für das Eigene*, das sich gegen
alle Versuche durchsetzt, das Eigene und das Fremde als
gleichwertig zu sehen. Moderne Gesellschaften, die
diese »archaischen« Prinzipien durch eine christlich-aufklärerische Gegenmoral überwunden glauben, verdrängen mehr als sie erkennen. Immer mehr sind sie
deshalb auf das Prinzip des *Tabu* angewiesen, um das
falsche Bild ihrer selbst als individualistische und rational wertende Gesellschaften aufrechtzuerhalten, die
ohne Strafe als Vergeltung auskommen.

Aber die Grundgesetze der Moral verdrängen wir
nicht ungestraft.

Ein Verbrechen, dem die Sühne versagt bleibt, sucht
sich die ihm gemäße Sühne selbst. Es erklärt sich zum
Krieg. Oder es wird ihm der Krieg erklärt. Das Gesetz
der Reziprozität besorgt das Weitere. Krieg ist ein Ge-

meinschaftswerk in beiderseitigem Interesse. Amerika braucht ihn, weil anders die ungeheuerliche Verletzung seiner kollektiven Gefühle ohne angemessenen Ausdruck und Sühne bliebe. Die Terroristen brauchen ihn, weil sie, einzeln und individuell, gar nicht sühnen könnten, was sie dem Kollektiv der Feinde zugefügt haben; und weil sie sich nicht als Verbrecher, sondern als Krieger sehen.

Krieg bedeutet nicht nur Ausweitung der Kampfzone, sondern auch Ausweitung des Strafmaßes mit anderen Mitteln. Das Strafrecht ist außer Kraft gesetzt. Im Vergleich zur Verbrechensbekämpfung senkt der Krieg die Schwelle der Gewaltanwendung. Er entgrenzt und steigert die Gewaltsamkeit. Anders als bei der Verbrechensbekämpfung nimmt der Staat, wie vor ihm schon die Verbrecher, die Tötung von Unschuldigen in Kauf. Man kämpft nicht gegen das Böse, ohne sich bei ihm anzustecken.

So wie das Gute im Krieg mit dem Bösen böse wird, nähert sich das Böse im Krieg mit dem Guten dem Guten an. Das Verbrechen, das aus dem Verborgenen hervortritt, gewinnt im offenen Kampf Ansehen und Statur. Wer im Krieg dem Feinde standhält, ist ihm insoweit ebenbürtig. Je länger der Krieg Amerikas gegen die Taliban und Bin Laden dauert, desto mehr adelt er die Bekriegten, verwandelt sie von Verbrechern in Kriegsgegner, die der Supermacht und den Zuschauern Achtung abnötigen. Dies desto mehr, je größer der Machtunterschied zwischen Goliath und David am Anfang zu sein schien.

Eine furchtbare Ahnung sagt uns, daß dahinter ein unaussprechlicher, uneinsehbarer, verbotener Sinn des

Krieges liegt: den Tod der Unschuldigen von New York durch den Tod von weiteren Unschuldigen zu sühnen. Es sind dies nicht nur die Afghanen, auf die die US-Bomben fallen. Wie die Terroristen sich selbst ihrer Sache zum Opfer gebracht haben, so droht Amerika, im Gegenzug, seine eigenen Soldaten, zu deren Schutz ansonsten alles getan wird, der Sache seiner Vergeltung zum Opfer zu bringen. Auch deutsche Soldaten, aus Solidarität mit den USA für den Krieg in Afghanistan bereitgestellt, können in eine Kontinuität von Schuld und Sühne hineingezogen werden, der wir doch mit aller Anstrengung Einhalt gebieten wollen.

Selten sühnen die Schuldigen. Die in ihrem ganzen Ausmaß ungesühnten Verbrechen an Europas unschuldigen Juden sühnen unschuldige Palästinenser. Die Vertreibung und Unterdrückung unschuldiger Palästinenser sühnen unschuldige Amerikaner. Die Tötung unschuldiger Amerikaner sühnen unschuldige Afghanen. Werden auch sie, einen (Aus-)Weg aus Verzweiflung suchend, schuldig werden? Die Hungernden und Flüchtigen in den Staubwüsten des Hindukusch scheinen am Ende des Weges angelangt – zu schwach, um den bösen Zauber weiterzugeben, durch den sich, im sozialen Leben, Unschuld in Schuld verwandelt. Aber auch vor ihnen macht die Zuschreibung von Schuld so wenig Halt wie vor den Starken. Sie erfolgt durch die anderen: »Diese Leute sind nicht unschuldig«, schreibt Paul S. Checketts aus Los Angeles, »sie nehmen teil, sie unterstützen, sie versorgen diejenigen, die die Verbrechen heute und in Zukunft begehen ...« Nach der anderen Seite wird genauso argumentiert: Die Toten von New York seien »keine Zivilisten«, sondern »Unter-

stützer des amerikanischen Systems« gewesen, sagt Bin
Laden (*FAZ*, 14. November 2001).

Diese Art der Schuldzuweisungen könnte nur unterbrochen werden durch eine wahrhaft christliche Hal-
tung: alle Schuld auf sich zu nehmen oder zu vergeben.
Aber gerade dies erscheint unmenschlich und unmöglich, im fundamental christlichen Amerika ebenso wie
in der nichtchristlichen Welt. Die Welt besteht auf der
Unterscheidung von Schuldigen und Unschuldigen.
Nur so kann sie sich den Vereinigten Staaten spontan in
Mitleid zuwenden, sie im Kampf gegen das Übel unterstützen. Die Verbundenheit der Gefühle hält so lange
und reicht so weit, wie der Terrorismus als ein Weltverbrechen an Unschuldigen empfunden wird. In dem Augenblick aber, wo sich die Verbrechensbekämpfung in
einen konkreten Krieg verwandelt, schmilzt, ebenso
spontan, die Übereinstimmung dahin und schlägt, besonders bei Muslimen, in Haß auf die USA um.

Vergebens beteuern die Amerikaner, daß sie keinen
Krieg gegen den Islam oder Afghanistan führen; Millionen Muslime empfinden jeden Angriff auf Glaubens-
brüder als einen Angriff auf sich selbst. Ob der Krieg zu
einem Krieg der Kulturen wird, liegt nicht mehr in der
Macht der Kriegsherren, sondern in einer Macht, die
stärker ist als sie: in Prozessen kollektiver Identifikation. Sie begleiten alles Machthandeln und bleiben doch
unabhängig von ihm. So schnell der Krieg zum Kampf
der Kulturen wird, so schnell verwandelt er sich zurück
in einen schlichten Bürgerkrieg. Afghanen rücken gegen Afghanen vor, die Amerikaner treten zurück. Aber
auch das kann sich von einem Tag auf den anderen wieder ändern. Jede Verhärtung der Fronten, jede westliche

Bombe, die Unschuldige trifft, erst recht der Einsatz
von Vernichtungswaffen reißt Gräben zwischen kollektiven Gefühlen auf, die weiter reichen als das Kriegs-
gebiet.

Krieg bringt die Kulturen einander aber auch näher –
oft näher als friedliche Wanderungen von Waren, Kapi-
tal und Menschen. Als Feinde oder Feindschaft Fürch-
tende nehmen sie sich schärfer ins Auge; so viel Islam-
kunde wie heute gab es in Deutschland noch nie. Es ist
modern geworden, den Koran zu lesen. Was Europäer
und Amerikaner daraus erfahren, ist nicht unbedingt
beruhigend. Gerade wenn Kulturen, im Guten wie im
Bösen, sich näher kommen, wachsen Befremdungen
und Reibungsflächen. Wenn sie sich angleichen, werden
kleine Unterschiede als große erlebt. Wenn sie sich verstehen wollen, wird Nichtverstehen zur Enttäuschung
und zum Vorwurf. Es blüht das Paradoxon der Kon-
fliktverschärfung durch Annäherung.

Mit Paradoxien leben! mögen wir uns selbst zurufen.
Andere sehen das anders. Für sie ist Terrorismus ein
Weg aus einem unerträglichen Widerspruch. In terroristischer Gewalt entlädt sich eine Sprengladung, die sich
in im sozialen Prozeß der Annäherung der Kulturen ge-
bildet hat. Bin Laden will nichts anderes, als diese Annäherung rückgängig machen. »An Amerika und sein
Volk richte ich nur wenige Worte. Ich schwöre bei Gott,
der den Himmel ohne Säulen errichtet hat: Weder Amerika noch die Menschen, die dort leben, werden sich in
Sicherheit wiegen, bevor wir diese in Palästina erleben
und bevor alle ungläubigen Armeen das Land Moham-
meds verlassen, Friede sei mit ihm.«

Auch wenn wir an einem Verbrecher nichts Gutes

lassen, nichts von ihm annehmen, ihm nicht glauben, ihm nicht zuhören wollen – Bin Laden spricht nicht mit Schaum vorm Mund: Amerika soll sich aus Arabien zurückziehen, die Palästinenser sollen in Sicherheit leben. Daß eine klare Grenzziehung dies befördern könnte, sehen viele Israelis genauso. Es geht um Sicherheit durch Distanzierung: Dies ist, im Prinzip, eine zivile Lösung von Problemen. Praktisch wurde sie nicht gefunden. Sie widerstrebt einer okzidentalen Ethik, die Distanzen nicht schaffen, sondern sie überwinden will. Der Terrorismus klagt sie ein, mit modern-brutalen Mitteln der Paradoxierung: Zivilität durch Zerstörung der Zivilisation; Sicherheit durch äußerste Bedrohung der Sicherheit. Das alles funktioniert und wird legitimiert nach dem uralten und unverwüstlichen moralischen Prinzip der Reziprozität: Der Verbrecher verweist auf die vorgängigen Verbrechen der Gegenseite.

Was hier, in Europa und den USA, (als Verbrechen des Westens) nicht verstanden wird, ist Muslimen, und nicht nur ihnen, in aller Welt (als Verbrechen des Westens) selbstverständlich. Je größer die Zahl derjenigen, die sich in geteilten Gefühlen der Unterdrückung, Demütigung, Benachteiligung und Erhebung mit Bin Laden verstehen und vereinigen, desto mehr wird er vom Verbrecher zu ihrem Vertreter, vom Kriminellen zum Repräsentanten, letztlich zum Heiligen. So sehr wir auch dagegen angehen: Auch wir, seine Feinde, können nicht umhin, diese Umwertung mitzumachen – es sei denn, wir wollten und könnten die kollektiven moralischen Gefühle von Millionen Muslimen als wertlos oder falsch entwerten oder sie als bloß Verführte dar-

stellen. Dies wäre ein – diesmal eigener – Schritt hinein
in den von uns so gefürchteten Kampf der Kulturen,
dessen Grundlage ja die gesteigerte Abwertung des kollektiven Anderen ist.

Davor bewahrt den Westen, vorläufig, der Siegeslauf
der muslimischen Nordallianz gegen die muslimischen
Taliban. Der Kampf der Kulturen wird durchkreuzt
durch den Kampf innerhalb einer Kultur. Die Freuden-
feuer in Kabul, die aus den traditionellen Kebabgrills
ebenso zucken wie aus urplötzlich aufgetauchten Ne-
onleuchten, symbolisieren in erster Linie eins: Amerika
ist wieder einmal, aus dem Hintergrund heraus, seiner
Rolle als Weltbefreier gerecht geworden. Die kollektive
Freude, die Amerika jetzt entgegenschlägt, ist auch eine
Genugtuung für die kollektiven Verletzungen, die es
durch die Terrorattentate erlitten hat. Sie ist eine ins
Positive gewendete Sühne. Sie mindert das amerikanische Sühneverlangen. Aber ist es damit gestillt?

Die Angst davor besteht weiter. Als ob wir der ganzen Schwere und Ungerechtigkeit fortgesetzter Sühne
dadurch Einhalt gebieten könnten, verweisen wir
Schuld zurück auf Amerika und die Opfer, die als solche ja schon gesühnt haben. Zwar seien die Attentate
unverzeihlich, heißt es immer wieder, aber daß es so
weit gekommen sei, »haben sich die Amerikaner selbst
zuzuschreiben«. Sind sie nicht verantwortlich für Hiroshima, Vietnam, die Stützung befreundeter Diktaturen,
ja der Taliban selbst? Die Schuld wird sozusagen auf
beide Seiten verteilt: Die Terroristen werden für den
Terrorismus verantwortlich gemacht, die Amerikaner
für seine Ursachen.

In der Tat: Die Liste der politischen und moralischen

Fehler, die auf das Konto der Amerikaner gehen, ist lang. Aber nehmen wir das Unmögliche an: Sie hätten alles richtig machen können. Daß es dann keinen Antiamerikanismus, keinen Fundamentalismus, keine lokalen Kriege und Stammesfehden, kein Palästina-Problem gäbe, wird niemand behaupten wollen. Gegen drei Probleme ist auch die mächtigste Ordnungsmacht auf Erden machtlos: gegen lokale Konflikte, die sie nicht allüberall kontrollieren kann; gegen die Dynamik moderner Gesellschaften, die die Statik der älteren erschüttert (und fortwährend die Gleichzeitigkeit des Ungleichzeitigen erzeugt); und gegen den unauflöslichen Widerspruch zwischen supranationaler Ordnung und nationalen Eigeninteressen. Amerika als einzige nationale Weltmacht ist zum Adressaten von Weltordnungs- und Konfliktausgleichserwartungen geworden, die ihm über den Kopf wachsen *müssen*. Politisch sind sie gar nicht zu erfüllen. Auch die klügste Politik stößt an ihre Grenzen; erst recht die Politik *eines* Staates. Weil es ihnen *zu mächtig erscheint*, aber in Wirklichkeit *nicht mächtig genug* ist, um ihre Probleme zu lösen, zieht Amerika die Machtfantasien und den Haß der Ohnmächtigen auf sich – unerklärlich für die Amerikaner, die doch nur das beste wollen.

Jeder Schritt, den Ansprüchen der Welt besser zu genügen, sich mehr Macht zu verschaffen und ordnend an Orten des Unrechts und der Krisen zu intervenieren, führt die USA in eine Reihe von Fallen. Sie präsentieren sich als aufreizend mächtig – und sind nicht mächtig genug. Sie kommen als Konfliktlöser – und ziehen Konflikte auf sich. Sie nähern sich als Freunde – und werden zu Fremden. Als Kampf gegen Fremdherrschaft versteht sich Bin Ladens Terrorismus aus Sicht muslimischer Gläubiger eher denn als Religionskrieg. Daß Bin Laden selbst und seine arabischen und pakistanischen Getreuen zu fremden Herren geworden sind, von denen sich die Afghanen nun mit Hilfe der Amerikaner befreien – darin liegt die große Chance der USA, sich von den Widersprüchen ihrer Weltmacht in diesem Krieg sogar zu entlasten.

Stärker und verhängnisvoller als der von Amerika geführte Westen verrennt sich der politische Islamismus in den Selbstwidersprüchen der Macht. Der Terrorismus, der sich als Ermächtigung der Ohnmächtigen versteht, ist vom Westen übernommen. Er bleibt, auch in der Wendung gegen den Westen, dessen untergründiger Diener. Aufgebrochen mit dem Ziel, die Macht des Westens zu brechen, bricht er, im Augenblick des grausigsten Triumphes, seine eigene Macht – und die des Islam, für die zu kämpfen er vorgibt.

Seit einem halben Jahrhundert ist diese Macht auf dem Vormarsch. Ihre äußeren Merkzeichen – die antikolonialen Freiheitskämpfe, die Gründung islamischer Staaten von Marokko bis Indonesien, die weltwirtschaftliche Bedeutung des Öls – verdecken allerdings die tieferen Gründe des Machtzuwachses: die merkwürdige Verschränkung von religiöser Statik und demographischer Dynamik.

Sie bringen die Weltverhältnisse zum Tanzen – nach Takten, für die der Westen kein Ohr hat. Während er die großen Töne ökonomischer, politischer und militärischer Machtmusik anschlägt, vollziehen sich die Machtverschiebungen zugunsten des Islam über lange Zeiten fast lautlos und unbemerkt: durch Geburten-

überschüsse und Wanderungen von islamischen in
christliche Länder, durch die Ausbreitung von islamischen Gemeinden, durch Inanspruchnahme von Gast-
und Minderheitenrechten zugunsten der Muslime...
Die Macht der Muslime wächst nicht einfach mechani-
stisch mit ihrer Zahl, ihrer Mobilität und der Stabilität
ihres Glaubens, sondern im Wechselspiel mit der Auf-
nahmebereitschaft und Liberalität der westlichen Demokratien.

Eine Bedrohung bedeutet das für diese nicht. Sie
können zwar, im Wechselspiel, nicht ganz und gar dieselben bleiben, aber der Islam kann dies noch weniger.
Weit entfernt davon, sich als geschlossener Machtblock
vorzuschieben, sucht er als »Euro-Islam« jeweils seinen
Platz in den aufnehmenden Mehrheitskulturen und
wird, als Minderheit auf Toleranz angewiesen, zu deren
Mitträger.

Mit einem Schlag ist dies alles dramatisch in Frage gestellt. Der stillschweigenden, friedlichen und arglosen
Machtnahme des Islam in den ursprünglich christlichen
Gesellschaften sind die Terroristen in den Rücken ge-
fallen. Kein Scheitan hätte sich, um Muslime in Mißkre-
dit zu bringen, etwas Teuflischeres ausdenken können
als die Attentate im Namen Allahs. (Weshalb fromme
Muslime dahinter auch den CIA vermuten.) Die muslimischen Zuwanderer haben es nun nicht mehr bloß mit
dem üblichen Mißtrauen gegenüber Minderheiten zu
tun, sondern mit neuer Feindseligkeit, die um alte Begründungen nicht verlegen ist.

Ihre Stellung ist prekär geworden. Moscheen zu
bauen, den Nachzug von Familienmitgliedern und die
steuerliche Gleichbehandlung von islamischen und

christlichen Gemeinden einzufordern – alles ist schwerer geworden. Und nicht nur die Diaspora, auch die islamischen Heimatländer selbst sind geschwächt. Wie
die Zerreißprobe zwischen ihrer politischen Klasse und
den religiös erregten Massen, zwischen kosmopolitischen Interessen und Glaubensbrüderschaft jeweils
ausgehen wird, vermag niemand zu sagen. Nur soviel
steht fest: Ihre innere Zerrissenheit macht sie nach außen, in der internationalen Staatenwelt, zu unsicheren
Kantonisten.

Um die islamische Welt herum aber – und untergründig gegen sie – sind die gemeinschaftsbildenden Kräfte
durch das Attentat gestärkt worden wie kaum je zuvor.
Der Vielvölkerstaat Amerika erlebt, trotz augenblick-
licher Angst-Hysterie, eine nationale Wiedergeburt aus
dem Geist der Mitmenschlichkeit, aber auch der Rache.
In Deutschland entweicht, angesichts der neuen Bedrohung, aus alten Konflikten hörbar die Luft. Damit nicht
genug, schlägt das Großverbrechen von New York in
das Unterholz kollektiver Gefühle wie ein Befreiungs-
schlag ein: entlastend vom umstrittenen, lähmend-ver-
drängten, regelmäßig angemahnten, grollend beklagten
Bewußtsein eigener deutscher Schuld. Daß man diese
besser durch Beschweigen oder besser durch Bereden
tilgen könne, ist ohnehin ein frommer Wunsch gewesen. Schuld wird, wenn nicht durch Sühne, durch an-
dere(r) Schuld erledigt. Das deutsche Schuldbewußtsein, man mag es nach 50 Jahren Gewöhnung bedauern
oder nicht, wird politisch nie mehr dieselbe Rolle spielen wie vor dem 11. September 2001. Seit dem Tag ist
Deutschland, nunmehr weniger mit sich selbst beschäftigt, mächtiger geworden.

Das katastrophale Verbrechen eint Menschen zu Nationen – und die großen Nationen untereinander. Rußland, das im Golfkrieg und in den Balkankriegen noch abseits gestanden hatte, ist nun mit ihm Boot. Nicht bloß aus Interessenkalkül oder Opportunität, sondern weil es die Gefühle der Gefahr durch islamistische Angreifer mit dem Westen teilt; ja, es weiß sich ihm darin voraus, gleichsam klüger, und nun endlich, zumindest annähernd, in seinem Tschetschenienkrieg verstanden. Zum erstenmal in der Weltgeschichte schält sich gegen den islamischen Süden eine nachhaltige Gefahrengemeinschaft des Nordens heraus. Auch Japan und China gehören dazu, sogar Indien: eine gewaltige Zusammenballung von Macht, die die islamischen Attentäter da aufgebracht haben – tragisch-ironischerweise *gegen* den Islam. Dem hat dieser nichts Gleichwertiges entgegenzusetzen, keine innere Einigung, und militärische Stärke erst recht nicht.

Sein stärkster Verbündeter liegt, merkwürdig genug, im Westen selbst. Es ist, kurz gesagt, eine Mischung aus Humanität und politischer Klugheit; nennen wir sie *den moralischen Faktor*. Er ist ein Kulturprodukt des Westens, aber kein Produkt reiner Moral; herausgewachsen ist er vielmehr aus Christentum, Aufklärung, asketischen Aufbauleistungen, aber auch Kriegen und Verbrechen. Mitgewachsen ist die Dominanz des Okzidents in der Welt. Dank seiner Dominanz hat der Westen den moralischen Faktor zum Maßstab eines Weltgewissens gemacht, zu einer Art globalen Offizialmoral, vor der er sich selbst immerdar rechtfertigen muß. Sie verlangt ihm die Schonung der Schwächeren ab. Wer, wie Saddam Hussein oder die Taliban, gegen

den Stachel des Westens löckt, kann mit dem moralischen Faktor rechnen, ja ist darauf angewiesen, um
nicht am Boden zerstört zu werden.

Wer sich allerdings darauf verläßt, der ist verlassen.
Zwar müht sich der Westen, human, menschenrechtlich
und politisch rational zu handeln. Aber die Offizialmoral ist nicht die ganze Moral. Der Westen, aus dem sie
herkommt, richtet sich nach ihr, solange seine Dominanz nicht angetastet wird. Sie ist eine Schönwettermo-
ral. In der Stunde der Gefahr aber brechen sich die soziomoralischen Grundgesetze Bahn, die der Westen mit
anderen Kulturen teilt; sie sind wahrhaft universal: die
Prinzipien der Reziprozität, der Präferenz für die eigene Kultur, der kollektiven Solidarität mit Seinesgleichen, der Tabuisierung dessen, was uns zu nahe geht
und das eigene positive Selbstbild stört.

Deshalb dürfen wir nicht wissen, was uns wirklich
bewegt. Vergeltung gehört dazu. Muß sie der Schwere
der amerikanischen Verletzung entsprechen? Amerika
wird mehr fordern. Es wird mehr fordern, als es nach
seinem Selbstverständnis als zivilisierte und rationale
Gesellschaft fordern darf. Und es wird mehr fordern als
Vergeltung. Gleiches mit Gleichem zu vergelten ist die
Sache von Gleichen. Amerika aber ist niemandem
gleich. Es hat in der Staatenwelt nicht seinesgleichen.
Verletzlich, wie es sich gezeigt hat, ist es zwar nicht
mächtiger als alle anderen zusammen, aber doch mächtiger als alle einzeln. Als Führungsmacht ist es Ordnungsmacht.

Wer es verletzt, verletzt mehr als einen Staat; er verletzt die Ordnung der Welt. Was unausgesprochen ein-
gefordert wird, ist deshalb die Wiederherstellung der

Weltordnung durch Loyalität mit den USA. Und auch
damit nicht genug: Es geht nicht nur darum, Ordnung
wiederherzustellen, sondern auch darum, sie, als eine
von vielen Ungleichen geteilte und angenommene, wei-
terzutreiben, weiterzuführen. Ein Kriegs*ziel* ist dies
nicht. Es könnte überhaupt nicht das Ziel *eines* Krieges
sein. Ob es der hintergründige Sinn dieses Krieges unter
anderen ist, wird sich zeigen.

Jedenfalls besorgt der »Krieg gegen den Terrorismus« der Welt das, was ihr bisher zu ihrer Einheit ge-
fehlt hat: den gemeinsamen Feind. Die fantastischen
Ufos, das Ozonloch, die Drogenmafia, nicht einmal die
Atombombe haben diese Funktion bisher erfüllen
können. Nun nimmt sie persönliche Konturen an: in
der Gestalt eines sanftmütig blickenden biblischen
Höhlenmenschen, der – fast – alle Mächte der Welt gegen sich mobilisiert. So dient er, in einem höheren Sinn,
dem Guten – zumindest solange er, als ein Gejagter, in
Freiheit lebt. Gott schenke ihm ein langes Leben. Der
amerikanische Verteidigungsminister Rumsfeld, dessen
Realismus vor dem Mythischen nicht halt macht, hat es
ausgesprochen: »Vielleicht fangen wir Bin Laden ja
nie.« Da ist der Wunsch der Vater einer Ahnung.

Drucknachweise

Die hier veröffentlichten und überarbeiteten Texte wurden vorab, meist gekürzt, in folgenden Publikationen gedruckt:

»Die Zukunft des Krieges«: Erstveröffentlichung

»Lehrmeister Krieg«: *Der Spiegel*, Nr. 4, 1991, S. 26-27

»Das Ende der Friedfertigkeit«: *Der Spiegel*, Nr. 30, 1992, S. 30-31

»Der gute Krieg«: Erstveröffentlichung unter dem Titel »Unser Verhältnis zum Krieg« in: Peter Krasemann: *Der Krieg – Ein Kulturphänomen? Studien und Analysen*, Berlin 1992, S. 44-56

»Krieg der Gefühle«: Erstveröffentlichung unter dem Titel »Das alte Europa im Krieg« in: *Frankfurter Allgemeine Zeitung*, 10. Februar 1994

»Grenzen des Lernens«: Erstveröffentlichung unter dem Titel »Krieg und kollektive Zwänge« in: *Frankfurter Allgemeine Zeitung*, 17. Juni 1995

»Gegen Windmühlenflügel«: Erstveröffentlichung unter dem Titel »Der Westen irrt« in: *Frankfurter Allgemeine Zeitung*, 24. April 1999

»Moral und Menschenrechte«: Erstveröffentlichung unter dem Titel »Was ist dies für ein Krieg?« in: *Die Zeit*, Nr. 22, 27. Mai 1999

»Europas Einigung im Krieg«: Erstveröffentlichung unter dem Titel »Der Krieg und Europas Grenzen« in: *Merkur. Deutsche Zeitschrift für europäisches Denken*, Heft 7, 53. Jahrgang, Juli 1999, S. 585-599

»Bittere Einsichten«: Erstveröffentlichung unter dem Titel »Bittere Wahrheiten« in: *Der Tagesspiegel*, Nr. 17/140, 13. August 2000

»Sternstunde der Weltmoral«: *Frankfurter Allgemeine Zeitung*, 18. September 2001

»Unschuld und Sühne«: *Frankfurter Allgemeine Zeitung*, 8. Dezember 2001

edition suhrkamp
»Kultur und Konflikt«

Unter dem Titel »Kultur und Konflikt« ist 1994 eine Publika-
tionsreihe des Forschungsschwerpunktes in der *edition suhrkamp* eröffnet worden, die von Wilhelm Heitmeyer, Günter
Albrecht, Otto Backes und Rainer Dollase herausgegeben
wird.

Das Gewalt-Dilemma. Gesellschaftliche Reaktionen auf
fremdenfeindliche Gewalt und Rechtsextremismus. Herausgegeben von Wilhelm Heitmeyer. es 1905. 464 Seiten

Die bedrängte Toleranz. Ethnisch-kulturelle Konflikte, religiöse Differenzen und die Gefahren politisierter Gewalt. Herausgegeben von Wilhelm Heitmeyer und Rainer Dollase in
Zusammenarbeit mit Johannes Vossen. es 1979. 507 Seiten

**Bundesrepublik Deutschland: Auf dem Weg von der Kon-
sens- zur Konfliktgesellschaft.** Herausgegeben von Wilhelm
Heitmeyer. Zwei Bände in Kassette. es 2004 und es 2034.
1138 Seiten

Verlockender Fundamentalismus. Türkische Jugendliche in
Deutschland. Von Wilhelm Heitmeyer, Jochen Müller und
Helmut Schröder. es 1767. 277 Seiten

Die Krise der Städte. Analysen zu den Folgen desintegrativer
Stadtentwicklung für das ethnisch-kulturelle Zusammenleben.
Herausgegeben von Wilhelm Heitmeyer, Rainer Dollase und
Otto Backes. es 2036. 470 Seiten

NF 316/1/11.00

Die Bindung der Unverbindlichkeit. Mediatisierte Kommunikation in modernen Gesellschaften. Von Uwe Sander. es 2042. 297 Seiten

Politisierte Religion. Ursachen und Erscheinungsformen des modernen Fundamentalismus. Herausgegeben von Heiner Bielefeldt und Wilhelm Heitmeyer. es 2073. 494 Seiten

Schattenseiten der Globalisierung. Rechtsradikalismus, Rechtspopulismus und separatistischer Regionalismus in westlichen Demokratien. Herausgegeben von Dieter Loch und Wilhelm Heitmeyer. es 2093. 544 Seiten

NF 315/1/11.00

Juan Goytisolo
- Ein algerisches Tagebuch. Übersetzt von Thomas Brovot.
  Mit Abbidungen. es 1941. 120 Seiten
- Landschaften eines Krieges: Tschetschenien. Übersetzt von
  Thomas Brovot. es 1768. 110 Seiten
- Notizen aus Sarajewo. Mit zahlreichen Abbildungen. Über-
  setzt von Maralde Meyer-Minnemann. es 1899. 140 Seiten
- Weder Krieg noch Frieden. Palästina und Israel heute.
  Übersetzt von Thomas Brovot. Mit Fotos.
  es 1966. 108 Seiten

Ludolf Herbst. Das nationalsozialistische Deutschland.
Herausgegeben von Hans-Ulrich Wehler. 1933-1945. Die
Entfesselung der Gewalt: Rassismus und Krieg. NHB.
es 1285. 495 Seiten

Alfred Herzka. Kuba. Abschied vom Kommandanten?
es 2061. 258 Seiten

Die Hexen der Neuzeit. Studien zur Sozialgeschichte eines
kulturellen Deutungsmusters. Herausgegeben von Claudia
Honegger. Mit 15 Abbildungen. es 743. 393 Seiten

Wolfgang Hoffmann-Riem
- Kriminalpolitik ist Gesellschaftspolitik, es 2154. 240 Seiten
- Modernisierung von Recht und Justiz. Eine Herausforde-
  rung des Gewährleistungsstaates. es 2188. 368 Seiten

Dick Howard. Die Grundlegung der amerikanischen Demokratie. Übersetzt von Ulrich Rödel. es 2148. 450 Seiten

Konrad H. Jarausch. Die unverhoffte Einheit. 1989-1990.
es 1877. 416 Seiten

Politik ohne Projekt? Nachdenken über Deutschland. Herausgegeben von Siegfried Unseld. es 1812. 494 Seiten

Schattenseiten der Globalisierung. Rechtsradikalismus, Rechtspopulismus und separatistischer Regionalismus in westlichen Demokratien. Herausgegeben von Dietmar Loch und Wilhelm Heitmeyer. es 2093. 544 Seiten

Bernhard Schlink. Heimat als Utopie. es-Sonderdruck. 48 Seiten

Alessandro Silij. Verbrechen, Politik, Demokratie in Italien. Übersetzt von Ulrich Hausmann. es 1911. 389 Seiten

Der Spanische Bürgerkrieg. Eine Bestandsaufnahme von Manuel Tuñón de Lara, Julio Aróstegui, Angel Viñas, Gabriel Cardona, Joseph M. Bricall. es 1401. 708 Seiten

Standort Europa. Europäische Sozialpolitik. Herausgegeben von Stephan Leibfried und Paul Pierson. es 2021. 400 Seiten

Dietrich Staritz. Geschichte der DDR. 1949-1989. Aktualisierte Neuausgabe. NHB. es 1260. 350 Seiten

Hans-Peter Ullmann. Das Deutsche Kaiserreich 1871-1918. NHB. es 1546. 308 Seiten

Paul Veyne. Foucault: Die Revolutionierung der Geschichte. Übersetzt von Gustav Roßler. es 1702. 84 Seiten

Vom Ewigen Frieden und vom Wohlstand der Nationen. Dieter Senghaas zum 60. Geburtstag. Herausgegeben von Ulrich Menzel. es 2173. 640 Seiten

NF 315/4/11.00

Von der Risikogesellschaft zur Chancengesellschaft. Herausgegeben von Erwin Teufel. es 2209. 300 Seiten

Was hält die moderne Gesellschaft zusammen? Herausgegeben von Erwin Teufel. es 1977. 340 Seiten

Der Zusammenbruch der DDR. Soziologische Analysen. Herausgegeben von Hans Joas und Martin Kohli. es 1777. 325 Seiten

Eine kleine Geschichte ...

Eine kleine Geschichte Brasiliens. Von Walther L. Bernecker, Horst Pietschmann und Rüdiger Zoller. es 2150. 368 Seiten

Kleine Geschichte Haitis. Von Walther L. Bernecker. Unter Mitarbeit von Sören Brinkmann und Patrick Ernst. Mit Abbildungen. es 1994. 220 Seiten

Eine kleine Geschichte Polens. Von Rudolf Jaworski, Christian Lübke. Michael G. Müller. es 2179. 384 Seiten

Eine kleine Geschichte der Schweiz. Der Bundesstaat und seine Traditionen. Von Manfred Hettling, Mario König, Martin Schaffner, Andreas Suter, Jakob Tanner. es 2079. 322 Seiten

Eine kleine Geschichte Ungarns. Von Holger Fischer und Konrad Gündisch. es 2114. 302 Seiten

Neue Historische Bibliothek
in der edition suhrkamp

»Hans-Ulrich Wehlers fast aus dem Nichts entstandene
›Neue Historische Bibliothek‹ ist nicht nur ein forschungs-
internes, sondern auch ein kulturelles Ereignis.«
Frankfurter Allgemeine Zeitung

Werner Abelshauser. Wirtschaftsgeschichte der Bundesrepublik Deutschland 1945-1980. es 1241. 187 Seiten

Peter Alter. Nationalismus. es 1250. 179 Seiten

Helmut Berding. Moderner Antisemitismus in Deutschland.
es 1257. 295 Seiten

Walther L. Bernecker. Sozialgeschichte Spaniens im 19. und
20. Jahrhundert. es 1540. 377 Seiten

Manfred Botzenhart. Reform, Restauration, Krise. Deutschland 1789-1847. es 1252. 172 Seiten

Johannes Burkhardt. Der Dreißigjährige Krieg 1618-1648.
es 1542. 308 Seiten

Francis L. Carsten. Geschichte der preußischen Junker.
es 1273. 224 Seiten

Horst Dippel. Die Amerikanische Revolution 1763-1787.
es 1263. 133 Seiten

Christof Dipper. Deutschland 1648-1789. es 1253. 339 Seiten

NF 317/3/11.00